俄 罗 斯 法 律 译 丛

俄罗斯联邦民事诉讼法典

ГРАЖДАНСКИЙ ПРОЦЕССУАЛЬНЫЙ КОДЕКС
РОССИЙСКОЙ ФЕДЕРАЦИИ

黄道秀 ●译

中国出版集团 ｜ 全国百佳图书
中国民主法制出版社 ｜ 出版单位

图书在版编目(CIP)数据

俄罗斯联邦民事诉讼法典/黄道秀译.—北京：
中国民主法制出版社,2020.7
（俄罗斯法律译丛）
ISBN 978 - 7 - 5162 - 2186 - 0

Ⅰ.①俄… Ⅱ.①黄… Ⅲ.①民事诉讼法—法典—俄
罗斯 Ⅳ.①D951.251

中国版本图书馆 CIP 数据核字（2020）第 069827 号

图书出品人:刘海涛
出 版 统 筹:乔先彪
责 任 编 辑:陈 曦 许泽荣

书名/俄罗斯联邦民事诉讼法典
作者/黄道秀 译

出版·发行/中国民主法制出版社
地址/北京市丰台区右安门外玉林里 7 号（100069）
电话/(010)63055259(总编室) 63058068 63057714(营销中心)
传真/(010)63055259
http://www.npcpub.com
E-mail:mzfz@npcpub.com
经销/新华书店
开本/16 开 710 毫米×1000 毫米
印张/14 字数/224 千字
版本/2021 年 1 月第 1 版 2021 年 1 月第 1 次印刷
印刷/北京中兴印刷有限公司

书号/ISBN 978 - 7 - 5162 - 2186 - 0
定价/56.00 元

俄罗斯联邦民事诉讼法典

国家杜马 2002 年 10 月 13 日通过

联邦委员会 2002 年 10 月 30 日批准

（2019－10 版）

目 录

第三分编　公共法律关系案件的审理程序

第四分编　特别程序

第三编　第二审法院的诉讼程序

第四编　已经发生法律效力的法院裁判的再审

第五编　涉外案件的诉讼程序

第六编　与行使促进和监督公断庭职能有关的案件的诉讼程序

第七编　与执行法院裁判或其他机关决议有关的程序

第一编　总则

第一章　基本规定

第1条　民事诉讼立法

1. 联邦普通法院中的民事诉讼程序由《俄罗斯联邦宪法》、《关于俄罗斯联邦法院体系的联邦宪法性法律》、本法典和依照它们通过的其他联邦法律规定，而和解法官进行民事诉讼的程序，还由《俄罗斯联邦和解法官法》规定。

2. 如果俄罗斯联邦签署的国际条约规定了与法律不同的民事诉讼规则，则适用国际条约的规则。

3. 民事诉讼依照民事案件审理和解决时、个别诉讼行为实施时或法院裁判（法院命令、法院判决、法院裁定、监督审法院主席团裁决）和其他机关的决定执行之时有效的联邦法律进行。

4. 如果没有调整民事诉讼过程中所产生关系的诉讼法规范，联邦普通法院与和解法官（下称法院）则适用调整相近关系的规范（法律类推），而如果没有这样的规范，则根据俄罗斯联邦实现司法公正的原则进行工作（法的类推）。

第2条　民事诉讼的任务

民事诉讼的任务是：正确和及时地审理与解决民事案件，以维护公民、组织受到侵犯的或被提出争议的权利、自由和合法利益，维护俄罗斯联邦、俄罗斯联邦各主体、地方自治组织以及作为民事关系、劳动关系或其他法律关系主体的其他人的权利和利益。民事诉讼应该促进法制和法律秩序的加强，预防违法行为，形成对法律和法院的尊重，和平解决争议。

第3条　向法院提出请求的权利

1. 利害关系人有权依照民事诉讼立法规定的程序向法院提出请求，以维护受到侵犯的或被提出争议的权利、自由或合法利益。

1-1. 起诉书、申请书、上诉状、抗诉书和其他文件应该用纸质载体送交法院，也可以依照俄罗斯联邦立法规定的程序用电子形式，包括使用有电子签名的电子文件的形式，填写法院官网上的表格的形式递交给法院。

2. 放弃向法院提出请求的权利无效。

3. 根据当事人的协议，民事产生法律关系的争议，在第一审法院作出结束民事案件实体审理的裁判之前，可以由双方当事人移送至公断庭审理，但本法典和联邦法律有不同规定的除外。

4. 如果联邦法律有相关规定，应在进行索赔程序或其他调整争议的审前程序之后，方可向法院提出请求。

5. 当事人在向法院起诉后有权使用和解程序解决争议。

第4条　民事案件在法院的提起

1. 法院根据请求维护其权利、自由和合法利益的当事人的申请提起民事案件。

2. 在本法典、其他联邦法律规定的情况下，民事案件可以根据以自己的名义维护他人、不定范围的人的权利、自由和合法利益或者维护俄罗斯联邦、俄罗斯联邦各主体、地方自治组织的利益的人的申请提起。

第5条　只有法院才能进行审判

属于普通法院管辖的民事案件，只能由普通法院根据民事诉讼立法的规则进行审判。

第6条　在法律和法院面前一律平等

民事案件的审判原则是所有公民，无论其性别、种族、民族、语言、出身、财产状况和职务地位、住所地、对宗教的态度、信仰、社会团体属性和其他情况，所有组织，无论其组织法形式、所有制形式、所在地、隶属关系和其他情况，在法律和法院面前一律平等。

第6-1条　诉讼的合理期限和执行法院裁判的合理期限

1. 法院的诉讼和法院裁判的执行应在合理期限内进行。

2. 法院审理案件在法典规定的期限内进行。在本法典规定的情况下和依照本法典规定的程序可以延长这些期限，但诉讼应在合理期限内进行。

3. 合理期限应包括自第一审法院收到起诉书或申请书之日起直至对案件作出最后裁判之日的期间。在规定此期限时应考虑案件在法律和事实上的复杂程度、民事诉讼参加人的行为、法院为及时审理案件而实施的行为的充分性和有效性以及案件诉讼的总时间长短。

4. 包括变更法官等与工作安排有关的情况,以及各个不同审级审理案件不得作为超过审理案件合理期限的理由。

5. 本条第 3 款和第 4 款规定的确定案件诉讼合理期限的规则,也适用于规定执行法院文书的合理期限。

6. 如果在受理起诉书或申请之后案件长时间没有审理而诉讼程序拖延,则利害关系人有权向法院院长提出加快案件审理的申请。

7. 要求加快案件审理的申请由法院院长在法院收到申请之日起的 5 日内审查。根据审查结果法院院长作出说明理由的决定,规定进行案件法庭审理的期限和(或)指出为加快法院审理应实施哪些行为。

第 7 条 民事案件的独任审理和合议庭审理

1. 在第一审法院中,民事案件由这些法院的法官独任审理或者在联邦法律规定的情况下由合议庭审理。

2. 如果本法典规定法官有权独任审理民事案件和实施个别诉讼行为,法官应以法院的名义进行工作。

3. 对已经发生法律效力的和解法官裁判的上诉,按照上诉程序由相应区法院的法官独任审理。

4. 民事案件在上诉审法院和申诉审法院由合议庭审理,但本条第 3 款和本法典第 333 条第 4 款、第 335-1 条第 1 款、第 379-5 条第 10 款规定的情形除外。

民事案件在监督审法院由合议庭审理。

第 8 条 法官独立

1. 在进行审判时,法官独立,仅服从于《俄罗斯联邦宪法》和联邦法律。

2. 法官在排除外界影响的条件下审理和解决民事案件。任何对法官审判活动的干涉均应禁止,并承担法律规定的责任。

3. 法官独立的保障由《俄罗斯联邦宪法》和联邦法律规定。

4. 关于国家机关、地方自治机关,其他机关、组织、公职人员或公民就法官审理中的民事案件向法官提出的非诉讼申请的信息,或者关于国家机关、地方自治机关、其他机关、公职人员或公民就法院审理中的民事案件向法院院长、副院长、审判委员会主席、民事审判庭庭长提出非诉讼申请的信息,应该予以公开,并在法院的官方网站上公布以便法庭审理参加人了解。这些信息不是在民事案件中实施诉讼行为或就民事案件作出诉讼裁判的根据。

第 9 条　民事诉讼的语言

1. 民事诉讼用俄罗斯联邦的国家语言——俄语进行,或者用相应法院所在俄罗斯联邦成员共和国的国家语言进行。在军事法院,民事诉讼一律用俄语进行。

2. 对于参加民事诉讼而不通晓民事诉讼所使用语言的人,应说明并保障享有用母语或者自由选择的交际语言进行解释并提出结论、出庭、提出申请、提出上诉的权利以及利用翻译人员服务的权利。

第 10 条　法庭审理的公开性

1. 所有法院审理案件一律公开。

2. 含有构成国家机密、子女收养秘密等信息材料的案件,以及其他案件,联邦法律有规定的,进行不公开审理。案件参加人要求必须保守商业秘密或其他受法律保护的秘密、公民私生活不受侵犯权或其他公开讨论可能妨碍案件的正确审理或者可能泄露上述秘密或侵犯公民权利和合法利益的情况,根据案件参加人的申请,也可以进行不公开审理。

3. 对于案件参加人、实施可能发现本条第 2 款所列信息材料的诉讼行为时在场的其他人员,法院应事先告知泄露这些材料应负的责任。

4. 关于案件的全部或部分不公开审理的事宜,法院应作出说明理由的裁定。

5. 在案件进行不公开审理时,出庭的应有案件参加人、他们的代理人,而在必要时还应有证人、鉴定人、专家、翻译人员。

6. 案件在不公开审理时应遵守民事诉讼的全部规则。在不公开审理时,法庭不允许使用录音和视频系统。

7. 案件参加人和公开审理案件时出庭的公民,有权用书面形式,以及借助录音手段记录法庭审理的过程。须经法院许可方能对审判庭进行电影摄制、照相、摄像、电台和电视转播、互联网直播。

8. 法庭的判决公开宣布,但公开宣布涉及未成年人的权利和合法利益的情形除外。

第 11 条　法院在解决民事案件时适用的规范性法律文件

1. 法院必须依照《俄罗斯联邦宪法》、俄罗斯联邦签署的国际条约、联邦宪法性法律、联邦法律、俄罗斯联邦总统的规范性法律文件、俄罗斯联邦政府的规范性法律文件、联邦国家权力机关的规范性法律文件、俄罗斯联邦各主体的宪法(章程)、法律、国家权力机关的其他规范性法律文件、地方自治机关的规范性法律文件解决民事案件。在规范性法律文件规定的情况下,法院按照交易习惯解决民事案件。

2. 法院如果在解决民事案件时确定规范性法律文件与具有更大法律效力的规范性法律文件不一致,则适用法律效力最大的法律文件的规范。

3. 如果没有调整争议关系的法律规范,法院应适用调整相近关系的法律规范(法律类推),而如果没有调整相近关系的法律规范,则根据立法的一般原则和精神解决案件(法的类推)。

4. 如果俄罗斯联邦签署的国际条约规定了与法律规定不同的规则,法院在解决民事案件时应适用国际条约的规则。

5. 法院在解决民事案件时依照联邦法律或俄罗斯联邦签署的国际条约适用外国法的规范。

第 12 条 根据辩论制和双方平等原则进行审判

1. 民事案件的审判根据辩论制和双方当事人平等原则进行。

2. 法院保持其独立客观和公正,领导诉讼,向案件参加人说明其权利和义务,警告实施或不实施诉讼行为的后果,对案件参加人行使其权利给予协助,为审理和解决民事案件时全面和充分地调查证据、确定事实情况和正确适用立法创造条件。

第 13 条 法院裁判的强制力

1. 法院以法院命令、法院判决、监督审法院裁决的形式作出法院裁判。

法院裁决,除含有受法律保护的机密的裁决外,均可以采用电子文件形式制作,电子文件应由法官进行可靠强化电子签名。如果裁决是合议庭作出的,则由审理案件的所有法官进行可靠强化电子签名。

在完成电子文件形式的法院裁决后,还应制作该裁决的纸质版。

2. 已经发生法律效力的法院裁判以及法院合法的指令、要求、委托、传唤和请求对所有国家权力机关、地方自治机关、社会团体、公职人员、公民、组织均具有强制力并应在俄罗斯联邦全境得到无条件执行。

3. 不执行法院裁判的以及有不尊重法院的其他表现的,均应承担联邦法律规定的责任。

4. 法院裁判的强制力不剥夺未参加案件的利害关系人向法院提出请求的权利,如果已经作出的法院裁判侵犯了他们的权利和合法利益。

5. 外国法院判决、外国仲裁法院的裁决在俄罗斯联邦境内的承认与执行由俄罗斯联邦签署的国际条约和本法典规定。

第二章　法庭的组成　回避

第 14 条　法庭的组成

1. 在第一审法院中,案件由法官独任审理。在联邦法律规定的情况下,案件在第一审法院由三名职业法官组成的合议庭审理。

2. 如果本法典没有不同规定,通过申诉和上诉程序审理案件时,法庭为三名法官组成的合议庭,其中一名法官担任审判长。

由俄罗斯联邦最高法院主席团通过监督程序审理案件时,法庭组成人员依照 2014 年 2 月 5 日第 3 号宪法性法律《俄罗斯联邦最高法院法》确定。

3. 审理具体案件的法庭组成应考虑法官的工作负担和专业水平,利用自动信息系统进行选择。在法院没有可能使用自动化信息系统时,允许通过其他程序组成法庭人员,这种程序应排除与案件结局有利害关系的人对法庭组成的影响。

第 15 条　合议庭解决问题的程序

1. 在合议庭审理案件时产生的问题,由法官投票,按多数票表决。表决时,任何法官均不得投弃权票。审判长最后投票。

2. 不同意多数人意见的法官,可以用书面形式叙述自己的特殊意见,特殊意见附在案卷内,但在宣布法院判决时不宣读。

第 16 条　法官回避的理由

1. 和解法官以及法官,有下列情形之一者,不得审理案件,而应该回避:

(1)曾作为检察长、助理法官、法庭书记员、代理人、证人、鉴定人、专家、翻译人员参加以前对该案的审理;

(1-1)曾主持该案和解;

(2)是案件某一参加人或其代理人的血亲或姻亲;

(3)与案件的结局有切身的、直接的或间接的利害关系,或者存在的其他情况可能引起对他客观性与公正性的怀疑。

2. 审理案件的法庭组成人员中,不得加入彼此有亲属关系的人。

3. 关于民事案件法官收到非诉讼申请的信息这一事实的存在本身,不能视为法官回避的根据。

第 17 条　不允许法官重复参加案件的审理

1. 曾经审理案件的和解法官,不得在上诉审法院、申诉审法院和监督审法院审理该案。

2. 在第一审法院参加过案件审理的法官,不得在上诉审法院、申诉审法院和监督审法院参加该案的审理。

3. 在上诉审法院参加过案件审理的法官,不得在第一审法院、申诉审法院和监督审法院参加该案的审理。

4. 在申诉审法院参加过案件审理的法官,不得在第一审法院、上诉审法院和监督审法院参加该案的审理。

5. 在监督审法院参加过案件审理的法官,不得在第一审法院、上诉审法院和申诉审法院参加该案的审理。

第 18 条　检察长、助理法官、法庭书记员、鉴定人、专家和翻译人员回避的理由

1. 本法典第 16 条所列法官回避的理由,亦适用于检察长、助理法官、法庭书记员、鉴定人、专家、翻译人员。

此外,鉴定人或专家如果与案件某一参加人或其代理人有职务上的或其他的从属依赖关系,则不得参加案件的审理。

2. 检察长、助理法官、法庭书记员、鉴定人、专家、翻译人员以前曾作为检察长、助理法官、法庭书记员、鉴定人、专家和翻译人员参加过该案的审理,不能成为要求他们回避的理由。法庭书记员曾作为助理法官参加过本案的审理或助理法官曾作为法庭书记员参加过本案的审理,不是要求他们回避的理由。

第 19 条　关于要求自行回避和要求回避的申请

1. 如果存在本法典第 16 条至第 18 条规定的回避理由,和解法官、法官、检察长、助理法官、法庭书记员、鉴定人、专家和翻译人员必须申请自行回避。根据上述理由,案件参加人可以申请他们回避,法庭也可以主动审议他们回避。

2. 关于自行回避或回避的申请应该说明理由,并在开始对案件进行实

体审理前提出。只有当提出自行回避或回避申请的人或法庭在开始对案件进行实体审理后,方才知悉自行回避或回避的理由时,才允许在案件的审理过程中提出自行回避申请或回避申请。

3. 自行回避申请的解决程序和满足自行回避申请的后果,依本法典第20条和第21条规定的规则。

4. 如果要求回避的申请被驳回,则不允许再以同样的理由申请同一人回避。

第 20 条　解决回避申请的程序

1. 在有回避申请提出时,法庭应听取案件参加人的意见。如果被要求回避的人希望进行解释,则还要听取他本人的意见。

2. 独任审理案件的法官,有权作出说明理由口头裁定并记入笔录,以解决回避与自行回避问题,而不必退入评议室。

在合议庭审理回避问题时,应退入评议室作出裁定。要求法官回避的申请,由该法庭解决,被要求回避的法官不得在场。要求几名法官回避或整个法庭组成人员回避时,问题由该法庭全体人员以多数票解决。赞成回避与反对回避的票数相等时,法官被视为应该回避。

检察长、助理法官、法庭书记员、鉴定人、专家、翻译人员回避的申请,由审理案件的法庭解决。

第 21 条　满足回避申请的后果

1. 如果审理案件的和解法官回避,则案件由区法院移送给在同一审判区工作的另一位和解法官审理,如果不能移送,则案件由上级法院移送给另一审判区的和解法官审理。

2. 如果在区法院审理案件时一名法官回避或者法庭全体组成人员回避,则案件由同一法院的另一名法官或者另外的法庭组成人员审理,如果审理案件的区法院不可能更换法官,则由上级法院将案件移送到另一区法院审理。

3. 在共和国最高法院、边疆区法院、州法院、联邦直辖市法院、自治州法院、自治专区法院、普通上诉法院、普通申诉法院、俄罗斯联邦最高法院审理案件时,如果一名法官或法庭全体组成人员回避,则案件由该法院的另一名法官或另外的法庭组成人员审理。

4. 如果在满足回避申请后或者由于其他原因不可能组成新的审判庭审理案件,则案件应该依照本法典第33条第4款规定的程序移送到另一法院。

第三章　管辖

第 22 条　民事案件的管辖

1. 法院审理和解决以下案件：

（1）有公民、组织、国家权力机关、地方自治机关参加的关于维护受到侵犯或被提出争议的权利、自由和合法利益的诉讼案件，关于民事、家庭、劳动、住房、土地、生态和其他法律关系中产生的争议的诉讼案件；

（2）本法典第 122 条规定的应该通过命令程序解决的请求权案件；

（3）（失效）

（本项由 2015 年 3 月 8 日第 23 号联邦法律删除）

（4）本法典第 262 条规定的特别程序案件；

（5）关于对公断庭裁决提出争议的案件和关于发出公断庭裁决强制执行令的案件；

（6）关于承认和执行外国法院判决和外国仲裁裁决的案件；

（7）在联邦法律规定的情况下对公断庭给予协助的案件；

（8）与非商业组织法人的设立、法人管理或加入法人有关的公司争议案件，但联邦法律规定争议属于仲裁法院管辖的公司争议案件除外。

2. 法院审理和解决有外国公民、无国籍人、外国组织、外国投资的组织、国际组织参加的案件。

3. 法院审理和解决本条第 1 款和第 2 款规定的案件，但联邦宪法性法律和联邦法律规定属于仲裁法院管辖的经济纠纷和其他案件除外。

4. 如果向法院提出的申请包含几个相互关联的请求，其中一个属于普通法院管辖，而其他属于仲裁法院管辖，而请求又不可能分割的，则案件应该由普通法院审理和解决。

如果请求可以分开，则法官应作出裁定，受理属于普通法院管辖的请求，或者将属于仲裁法院管辖的请求予以退回。

第 22-1 条   应该移送公断庭审理的争议

1. 民事法律关系产生的争议,依照本法典属于法院管辖的,如果争议双方之间存在有效的仲裁协议,可以由当事人移送公断庭审理,但联邦法律有不同规定的除外。

2. 下列争议,不得移送公断庭审理:

(1)本法典第 22 条第 1 款第 4 项规定的争议;

(2)家庭关系产生的争议,包括因监护人和保护人对被监护(保护)人财产处分产生的争议,但夫妻分割共同财产的案件除外;

(3)劳动关系产生的争议;

(4)继承关系产生的争议;

(5)俄罗斯联邦国有和自治地方所有资产私有化立法调整的关系所产生的争议;

(6)为保障国家需要和自治地方需要而采购商品、工作、服务领域的俄罗斯联邦立法所调整的关系产生的争议;

(7)关于生命和健康损害的争议;

(8)关于公民迁出住房的争议;

(9)环境损害有关的关系所产生的争议;

(10)联邦法律明文规定情况下的其他争议。

3. 法人参加人与法人本身的争议以及法人参加人之间因法人与第三人的法律关系而发生的诉讼,如果法人参加人仅有权依照联邦法律提起诉讼,则只有在该法人、其所有参加人,以及上述争议中所有原告人和被告人签订了将上述争议移送公断庭审理的仲裁协议时才可以依照本条第 4 款移送公断庭审理。

4. 只有公断庭属于在俄罗斯联邦境内办公的常设仲裁机构,并且批准和公布了依照联邦立法审理公司争议的专门规则的情况下,本条第 3 款所列争议才能在上述争议移送公断庭审理时由公断庭审理。

第 23 条   属于和解法官管辖的民事案件

1. 和解法官作为第一审法院审理:

(1)要求发出法院命令的案件;

(2)夫妻之间没有关于子女争议的离婚案件;

(3)关于夫妻之间分割的标的价值不超过 5 万卢布的共同财产的案件;

(4)诉讼标的不超过 5 万卢布的财产纠纷,但遗产继承和因创作与使用智力活动成果的关系产生的案件除外;

（5）维护消费者权利领域中诉讼金额不超过 10 万卢布的财产争议案件。

2. 联邦法律可以规定其他案件也属于和解法官审判管辖。

3. 当几个相互关联的请求合并在一起，诉讼标的变更或者提出反诉时，如果新的请求属于区法院审判管辖，而其他请求属于和解法官审判管辖，则所有请求均应在区法院审理。在这种情况下，如果案件的审判管辖是在和解法官审理过程中发生变更的，和解法官则应作出将案件移送区法院裁定并将案件移送区法院审理。

4. 不允许和解法官与区法院之间关于审判管辖的争议。

第 24 条　属于区法院审判管辖的民事案件

除本法典第 23 条、第 25 条、第 26 条和第 27 条规定的案件外，属于普通法院管辖的民事案件均由区法院作为第一审法院审理。

第 25 条　属于军事法院和其他专门法院审判管辖的民事案件

在联邦宪法性法律规定的情况下，民事案件由军事法院和其他专门法院审理。

第 26 条　属于共和国最高法院、边疆区法院、州法院、联邦直辖市法院、自治州法院和自治专区法院审判管辖的民事案件

1. 共和国最高法院、边疆区法院、州法院、联邦直辖市法院、自治州法院和自治专区法院作为第一审法院审理以下民事案件：

（1）涉及国家机密的案件；

（2）（失效）

（3）（失效）

（4）（失效）

（5）（失效）

（6）（失效）

（7）（失效）

（8）（失效）

（以上各项由 2015 年 3 月 8 日第 23 号联邦法律删除）

（9）本法典第四十五章规定的案件。

2. 联邦法律还可以规定其他案件属于共和国最高法院、边疆区法院、州法院、联邦直辖市法院、自治州法院和自治专区法院审判管辖。

3. 莫斯科市法院作为第一审法院审理与保护著作权和（或）邻接权有

关的民事案件,但互联网上摄影作品和(或)类似照相的方法获得的,而且依照本法典第144-1条对之采取了事先保全措施的作品的著作权与邻接权除外。莫斯科市法院对原告人要求维护其在互联网上著作权和(或)邻接权的案件判决原告胜诉而且法院判决已经生效后,同一原告人又另案提起诉讼时,莫斯科市法院还要解决对多次违法发布含有著作权和(或)邻接权客体的信息或者必须取得互联网使用许可的信息的互联网网站进行限制的问题。

第27条　属于俄罗斯联邦最高法院审判管辖的民事案件

俄罗斯联邦最高法院对案件的管辖由2014年2月5日俄罗斯联邦第3号宪法法律《俄罗斯联邦最高法院法》规定。

第28条　在被告住所地或所在地提起诉讼

诉讼应向被告人所在地的法院提起。对组织的诉讼应在其所在地的法院提起。

第29条　原告人选择管辖

1. 对住所地不详或在俄罗斯联邦没有住所地的被告人的诉讼,可以在被告人财产所在地或被告人在俄罗斯联邦的最后已知住所地的法院提起。

2. 因组织的分支机构或代表机构的活动而发生的对组织的诉讼,也可以在其分支机构或代表机构所在地的法院提起。

3. 追偿扶养费和确定父亲身份的诉讼,也可以由原告人在其住所地的法院提起。

4. 如果有未成年人与原告人一起生活,或者因健康原因原告人难以前往被告人的住所地,则离婚诉讼也可以在原告人住所地的法院提起。

5. 因致残、其他健康损害或者供养人死亡而要求损害赔偿的诉讼,也可以由原告人在其住所地的法院或损害发生地的法院提起。

6. 公民因被非法判刑、被非法追究刑事责任、被非法适用羁押、不外出的具结作为强制处分或被非法科处拘留作为行政处罚而要求恢复领取养老金权、住房权、返还财产或财产价值的诉讼,也可以在原告人住所地的法院提起。

6-1. 要求保护个人信息材料主体权利的诉讼,包括要求赔偿损失和(或)补偿精神损害的诉讼,也可以在原告住所地的法院提起;

6-2. 要求终止操作人员发放在互联网搜索链接的诉讼,也可以在原告人住所地的法院提起;

6-3. 要求恢复劳动权利的诉讼,也可以在原告人住所地的法院提起。

7. 关于维护消费者权利的诉讼,也可以在原告人住所地或所在地或合同订立地或合同履行地的法院提起,但本法典第 30 条第 4 款规定的情形除外。

8. 船舶碰撞造成的损害赔偿诉讼,追偿在船上工作的工资和其他应付报酬、追偿海上救助报酬的诉讼,也可以在被告人船舶所在地或船舶注册地的法院提起。

9. 因合同发生的诉讼,包括因劳动合同发生的诉讼,如合同规定了履行地,也可以在合同履行地的法院提起。

10. 如果依照本条的规定,案件属于几个法院审判管辖,则选择法院的权利属于原告人。

第 30 条　专属管辖

1. 关于对土地、矿山、楼房(包括居住用房和非居住用房)、建筑物、构筑物、与土地固定在一起的其他客体的权利的诉讼,以及解除财产扣押的诉讼,应在这些客体或被扣押财产所在地的法院提起。

2. 被继承人的债权人在继承人接受遗产前提起的诉讼,属于继承开始地的法院审判管辖。

3. 运送合同发生的对承运人的诉讼,应在依规定程序被提出索赔请求的承运人所在地的法院提起。

4. 维护集团权利和合法利益的诉讼,包括维护消费者权利的诉讼,应在被告人所在地的法院提起。

第 30-1 条　与法院行使协助和监督公断庭的职能有关案件的管辖

1. 要求撤销公断庭和国际商事仲裁院在俄罗斯联邦境内作出的裁决的请求,应向作出仲裁裁决地的区法院提起。根据公断审理双方当事人的协议,要求撤销公断庭裁决的申请可以在公断审理一方当事人所在地或住所地的区法院提出。

2. 要求发出强制执行公断庭和国际商事仲裁院在俄罗斯联邦境内所作出裁决的执行令的申请,应向债务人所在地或住所地的法院提出,如果其所在地和住所地不明,则在公断审理的债务人一方财产所在地的区法院提出。根据公断审理双方当事人的协议,要求发出执行公断庭裁决执行令的申请,可以向作出公断庭裁决所在地的区法院提出,或者向公断审理胜诉方的所在地或住所地的区法院提出。

3. 要求法院行使本法典第 427-1 条规定的协助或监督公断庭职能的申请,向相应公断审理进行地的区法院提出。

第 31 条　相互联系的几个案件的审判管辖

1. 对居住或设立在不同地方的几名被告人的诉讼,根据原告人的选择,在被告人之一的住所地或所在地的法院提起。

2. 反诉在原诉审理地的法院提起。

3. 刑事案件的附带民事诉讼,如果在刑事案件诉讼中没有提起或没有解决,则按照本法典规定的审判管辖规则依照民事诉讼程序提起审理。

第 32 条　协议管辖

双方当事人可以在法院受理案件前协议变更该案件的地域管辖。本法典第 26 条、第 27 条和第 30 条规定的审判管辖,不得通过当事人的协议进行变更。

第 33 条　法院已经受理的案件移送到另一法院

1. 法院已经依照审判管辖规则受理的案件,应该由该法院进行实质解决,即使该案以后属于其他法院管辖,但本法典第 26 条和第 27 条规定的管辖变更的情形除外。

2. 在下列情况下,法院应将案件移送另一法院审理:

(1) 原来被告人住所地或所在地不明,现在被告人申请将案件移送到被告人住所地或所在地的法院;

(2) 双方当事人均申请案件在大多数证据所在地审理;

(3) 法院在审理案件时查明,该法院受理案件违反了审判管辖规则;

(4) 在一名或几名法官回避后,或者由于其他原因法官被代替后案件在该法院已经无法审理。这种情况下案件由上级法院进行移送。应该在共和国最高法院、边疆区法院、州法院、联邦直辖市法院、自治州法院、自治专区法院审理的案件,由普通申诉法院进行移送。应该在普通上诉法院和普通申诉法院进行审理的案件,由俄罗斯最高法院移送。

2-1. 如果在法院审理案件时查明,案件应该由仲裁法院审理,则法院应该将案件移送依照法律享有管辖权的仲裁法院审理。

3. 关于向另一法院移送案件或拒绝向另一法院移送案件,法院应作出裁定,对裁定可以提出上诉。案件在对裁定提出上诉的时效期届满后进行移送,而如果已经提出上诉,则在法院作出驳回上诉的裁定后进行移送。

在本条第 4 款规定的情况下,关于向另一法院移送案件的裁定自作出之日起生效,不得提出申诉。

4. 由一法院移送到另一法院的案件,该另一法院应该受理。在俄罗斯联邦,不允许法院之间的审判管辖争议。

第 33-1 条 移送案件依照行政诉讼规则审理

1. 向法院提出含有几个相互关联的诉讼请求,其中一个应该依照民事诉讼程序审理,而其他的请求应按照行政诉讼程序审理,如果不可能进行分割,则案件应该依照民事诉讼程序审理和解决。

2. 在向法院提出含有几个请求的诉讼时,如果其中一个应该依照民事诉讼程序审理,而其他的请求应该按照行政诉讼规则审理,如果案件可能进行分割,则法院应该解决并依照民事诉讼程序审理的诉讼请求。

如果向法院提出的应该依照行政诉讼程序审理的其他诉讼请求属于该法院管辖,则诉讼请求受理的问题由法官依照行政诉讼立法以及根据经过法官认证的起诉书的副本和所附文件解决。

如果向法院提出的应该依照行政诉讼程序审理的其他诉讼请求不属于该法院管辖,法官应依照本法典第 135 条第 1 款第 2 项退还诉状中不属于其管辖的部分请求。

3. 法院在准备民事案件法院审理的过程中或在民事案件审理过程中确定案件应该依照行政诉讼程序审理,则应作出裁定,将案件按照行政诉讼规则进行移送。

第四章　案件参加人和其他诉讼参加人

第34条　案件参加人的构成

案件参加人包括:双方当事人、第三人、检察长、请求法院维护他人权利、自由和合法利益的人或依照本法典第4条、第46条和第47条规定的理由参加诉讼提出结论的人员、特别程序案件中的申请人和其他利害关系人。

第35条　案件参加人的权利和义务

1. 案件参加人有权了解案件材料,摘抄、复制案件材料;申请回避;提交证据和参加证据的审查;向案件其他参加人、证人、鉴定人和专家提出问题;提出申请,包括要求调取证据的申请;用口头或书面形式向法院作出解释;对法庭审理过程中产生的所有问题提出自己的理由,反驳案件其他参加人的申请和理由;得到法院裁决的副本,包括利用互联网取得电子文件形式的法院裁决的副本,以及电子版的通知、传票和其他文件(文件复印件);对法院裁判提出上诉和行使民事诉讼立法规定的其他诉讼权利。案件参加人应该善意地行使属于他的全部诉讼权利。

1-1. 案件参加人有权向法院提交纸质载体的文件或电子版文件,包括依照俄罗斯联邦立法规定的程序使用电子签名的电子版文件,有权填写法院官网上的表格。

1-2. 案件参加人有权向法院提交其他电子版文件,包括上述人员、其他人、机关和组织制作的电子版文件。这种文件应以俄罗斯联邦立法规定的形式制作,如果俄罗斯联邦立法未规定其形式,则可用自由的形式制作。

2. 案件参加人承担本法典、其他联邦法律规定的诉讼义务。不履行诉讼义务的,要承担民事诉讼立法规定的后果。

第36条　民事诉讼权利能力

依照俄罗斯联邦立法有权对自己的权利、自由和合法利益要求司法保护的所有公民和组织均平等地享有民事诉讼权利能力。

第 37 条　民事诉讼行为能力

1. 凡年满 18 岁的公民以及组织,完全享有以自己的行为行使诉讼权利、履行诉讼义务和委托他人在法院代理案件的能力(民事诉讼行为能力)。

2. 未成年人自结婚之时起或被宣布具有完全行为能力(取得完全行为能力)之时起可以亲自在法院行使自己的诉讼权利和履行诉讼义务。

3. 年满 14 岁不满 18 岁的未成年人以及具有限制行为能力的公民的权利、自由和合法利益,由其法定代理人维护。但是法院必须让这些未成年人以及限制行为能力的公民亲自参加案件。

4. 在联邦法律规定的情况下,在民事法律关系、家庭法律关系、劳动法律关系和其他法律关系发生的案件中,年满 14 岁不满 18 岁的未成年人有权亲自在法院维护自己的权利、自由和合法利益。但是法院有权吸收未成年人的法定代理人参加案件。

5. 不满 14 岁的未成年人以及被认定为无行为能力的公民的权利、自由和合法利益,如果本法典没有不同规定,在诉讼中由其法定代理人——父母、收养人、监护人、保护人或联邦法律规定享有此项权利的其他人维护。但是法院有权传唤被认定无行为能力的公民到案。

第 38 条　当事人

1. 民事诉讼中的当事人是原告人和被告人。

2. 如果案件是根据要求法院维护他人权利、自由和合法利益的人的申请开始的,则法院应将已经开始诉讼的事宜通知被维护权利的人,该人作为原告人参加诉讼。

3. 当事人享有平等的诉讼权利并承担平等的诉讼义务。

第 39 条　诉讼请求的变更、放弃、承认、和解

1. 原告人有权变更诉讼理由或诉讼标的,增加或减少诉讼请求的数额或者放弃诉讼请求,而被告人有权承认诉讼请求,当事人可以通过和解了结案件。

2. 如果原告人放弃诉讼请求或被告人承认诉讼请求或当事人的和解违反法律或侵犯他人权利和合法利益,则法院不接受此种放弃或承认,不批准和解。

3. 在变更诉讼理由或诉讼标的、增加诉讼请求的数额时,本法典规定的审理案件的期限自实施有关诉讼行为之日起开始计算。

第 40 条 几名原告人或几名被告人参加案件

1. 诉讼可以由几名原告人共同向几名被告人提起(共同诉讼)。

2. 有下列情形之一的,允许共同诉讼:

(1)争议标的是几名原告人或几名被告人的共同权利或义务;

(2)几名原告人或几名被告人的权利和义务的根据相同;

(3)争议标的是同类的权利和义务。

3. 每个原告人或被告人在诉讼中独立地对另一方。共同原告人或共同被告人可以委托一名共同原告人或共同被告人进行诉讼。

如果由于有争议的法律关系的性质,一名或几名共同被告人不参加诉讼案件便不能审理,则法院应主动吸收他或他们参加诉讼。在吸收该一名或几名共同被告人参加诉讼后,案件的准备和审理从头进行。

第 41 条 不当被告人的替换

1. 在案件准备或在第一审法院审理时,法院可以根据原告人的请求或经原告人同意以适当被告人替换不当被告人。在以适当被告人替换不当被告人之后,案件的准备和审理从头开始。

2. 如果原告人不同意以他人替换不当被告人,则法院应按已经提起的诉讼审理案件。

第 42 条 对争议标的提出独立请求的第三人

1. 对争议标的提出独立请求的第三人,可以在第一审法院作出裁判前参加案件。他们享有原告人的一切权利,承担原告人的一切义务,但在联邦立法对该类争议有相关规定时必须遵守调整争议的索赔程序和审前程序的除外。

对于对争议标的提出独立请求的人,法院应作出裁定,认定他们为所审理案件中的第三人,或者拒绝承认他们为第三人。对该裁定可以提出上诉。

2. 在对争议标的提出独立请求的第三人参加案件时,案件的审理从头进行。

第 43 条 不对争议标的提出独立请求的第三人

1. 不对争议标的提出独立请求的第三人,如果案件的判决可能影响他们对一方的权利或义务,则可以在第一审法院对案件作出判决前作为原告一方或被告一方参加案件。可以根据案件参加人的申请或者由法院主动吸收他们参加诉讼。不对争议标的提出独立请求的第三人,享有一方当事人的诉讼权利和一方当事人的诉讼义务,但变更诉讼理由或变更诉讼标的、增加或减少诉讼请求的数额、放弃诉讼请求、承认诉讼请求或订立和解协议、提出反诉和要求强制执行法院判决的权利除外。

在这种情况下,对争议标的不提出独立诉讼请求的第三人如果取得相关权利或根据和解协议承担义务,则有权成为和解协议的当事人。

关于不对争议标的提出独立请求的第三人参加案件的事宜,法院应作出裁定。

2. 在不对争议标的提出独立请求的第三人参加诉讼时,案件在法院的审理从头进行。

第 44 条　诉讼权利继受

1. 如果一方退出有争议的或者法院判决确定的法律关系(公民死亡、法人改组、请求权转让、债务转移和债权债务关系中当事人变更的其他情形),法院允许该方当事人的权利继受人代替该方。民事诉讼的任何阶段均可能发生诉讼权利继受。

2. 在权利继受人参加诉讼之前已经实施的行为,对该权利继受人的约束力与对其被代替人相同。

3. 对法院关于权利继受人代替当事人或拒绝权利继受人代替当事人的裁定,可以提出上诉。

第 45 条　检察长参加案件

1. 检察长有权请求法院维护公民、不确定范围人群的权利、自由和合法利益或者维护俄罗斯联邦、俄罗斯联邦各主体、地方自治组织的利益。维护公民权利、自由和合法利益的请求仅在公民由于健康状况、年龄、无行为能力和其他正当原因不能亲自向法院提出请求时才能由检察长提出。上述限制不适用于检察长基于公民在以下方面向他提出请求而向法院提出的请求:劳动(服务)关系和其他直接有关的关系中维护受到侵害的或被提出争议的社会权利、自由和合法利益;维护家庭、母亲、父亲和子女权利;社会保护,包括社会保障;保障在国有和自治地方所有房产中的住房权;保护健康,包括医疗救助;保障良好环境的权利;教育。

2. 提出请求的检察长,享有原告人的全部诉讼权利和承担原告人全部诉讼义务,但订立和解协议的权利和交纳诉讼费用的义务除外。如果检察长放弃已经提出的维护他人合法利益的请求,而该人及其法定代理人不声明放弃诉讼请求,则案件的实体审理应继续进行。当原告人放弃诉讼请求时,只要不违反法律或不侵犯他人的权利和合法利益,法院应终止案件的诉讼。

3. 检察长参加诉讼并就强制迁出、恢复工作、生命或健康损害赔偿等案件以及本法典和其他联邦法律规定的情况下提出结论,以便行使他被赋予的权限。检察长虽已及时得到关于案件审理时间和地点的通知而不到庭,不妨碍案件的审理。

第46条 请求法院维护他人的权利、自由和合法利益

1. 在法律规定的情况下,国家权力机关、地方自治机关、组织和公民有权根据他人的请求向法院提出请求,以维护他人的权利、自由和合法利益,或者维护不定范围人群的权利、自由和合法利益。维护无行为能力人或未成年人合法利益的请求,不论利害关系人或其法定代理人是否要求,均可以提出。

2. 提出维护他人合法权利的请求的人,享有原告人的全部诉讼权利并承担原告人的全部诉讼义务,但订立和解协议的权利和交纳诉讼费用的义务除外。如果机关、组织或公民放弃他们为他人利益提出的请求,以及原告人放弃诉讼请求,则发生本法典第45条第2款规定的诉讼后果。

第47条 国家机关、地方自治机关为提出案件结论而参加案件

1. 在联邦法律规定的情况下,国家机关、地方自治机关在第一审法院作出判决前可以主动地或者根据案件参加人的提议参加案件的诉讼,提出结论,以履行所担负的义务和维护他人的权利、自由和合法利益或者俄罗斯联邦、俄罗斯联邦各主体、地方自治组织的利益。

2. 在联邦法律规定的情况下,以及在其他必要情况下,法院可以主动吸收国家机关或地方自治机关参加案件,以达到本条第1款规定的目的。

第47-1条 助理法官

1. 助理法官协助法官准备和组织诉讼程序,以及起草法院裁判。助理法官无权行使审判职能。

2. 助理法官根据审判长的委托制作审判庭笔录,保障使用技术手段对审判庭全过程进行记录,检查应该出庭人员的到庭情况,在本法典规定的情况下和依照本法典规定的程序实施其他诉讼行为。

第五章　诉讼代理

第 48 条　通过代理人在法院进行诉讼

1. 公民有权亲自或通过代理人在法院进行自己案件的诉讼。公民亲自参加案件不剥夺其委托代理人的权利。

2. 各组织的案件由该组织在联邦法律、其他法律文件或组织设立文件规定的权限范围内进行工作的机关进行诉讼，或者由代理人进行诉讼。

（第二段失效）

（本段由 2018 年 11 月 28 日第 451 号联邦法律删除）

清算委员会授权的代理人以被清算组织的名义出庭。

第 49 条　能够在法院作为代理人的人

1. 行为能力人，以适当方式办理手续和证明办理案件的权限的，能够在法院成为代理人，但本法典第 51 条规定的人员除外。

2. 除和解法官和区法院审理的案件外，律师和其他具有高等法学教育文凭或法学专业学位的提供法律帮助的人，可以在法院作为代理人。

3. 律师应该向法院提交依照联邦法律证明其律师资格和权限的文件。提供法律帮助的其他人应该向法院提交证明其权限的文件，而在本条第 2 款规定的情况下，还应该提交自己的高等法学教育文凭和法学专业学位证书。

4. 本条第 2 款所列要求，不适用于与智力活动成果和个别化手段法律保护有关争议中的专利代理人、在破产案件中履行职责的仲裁管理人以及在劳动（服务）关系和其他与之相关关系中权利、自由和合法利益受到侵犯或有争议的案件中在法院代表工会会员利益的工会、工会组织、工会联合会以及联邦法律规定的其他人。

第 50 条　法院指定的代理人

在住所地不明的被告人没有代理人时，以及在联邦法律规定的其他情况下,由法院指定律师作为代理人。在本条规定的情况下被法院指定为被告人代理人的律师有权对该案的法院裁判提出申诉。

第51条　不能在法院作为代理人的人

法官、侦查员、检察长、助理法官、法院机关工作人员不能在法院作为代理人,但他们作为有关机关的代表或法定代理人参加诉讼的情形除外。

第52条　法定代理人

1. 无行为能力的公民或不具有完全行为能力的公民的权利、自由和合法利益,由其父母、收养人、监护人、保护人或联邦法律赋予此项权利的其他人维护。

2. 在依法定程序被认定失踪的公民应该参加的案件中,接受失踪人财产委托管理的人作为其法定代理人。

3. 本条第1款和第2款所列人员,依法享有代理人权限和以被代理人的名义实施被代理人有权实施的全部诉讼行为,但应遵守法律规定的限制。

本法典第49条第2款规定的要求,不适用于法定代理人。

法定代理人可以委托他们选择的符合本法典第49条规定要求的其他人作为代理人在法院进行案件的诉讼。

第53条　代理人权限的办理和证明

1. 代理人办理案件的权限应该在依法授予和办理的委托书中说明。

2. 公民授予的委托书,可以通过公证程序进行证明;或者由委托人工作或学习的单位予以证明;或者由委托人住所地管理多单元楼房的业主委员会、住房组织、住房建设或其他专门消费合作社予以证明;以及由委托人所在的社会服务组织的行政予以证明以及委托人进行治疗的医疗住院机构的行政予以证明。如果委托书是由军人、部队、兵团、机构、高等军事院校的工作人员或其家属授予的,则委托书应该由相应部队、兵团、军事院校的指挥员(首长)予以证明。剥夺自由场所人员的委托书,应由相应剥夺自由场所的首长证明。

3. 以组织名义颁发的委托书应由组织的领导人或组织的设立文件授权的其他人签字,并加盖该组织的印鉴。

在联邦法律、其他法律文件或设立文件规定的权限范围内进行工作的机关领导人的权限,或者以组织的名义在联邦法律、其他法律文件或设立文件规定的权限范围内进行工作的组织的代理人的权限,由他们向法院提交的证明其法律地位和拥有相关权限这一事实的文件予以证明。

4. 法定代理人的权限由向法院提交证明其法律地位和权限的文件予以证明。

5. 律师作为代理人在法院办理案件的权限由有关律师组织出具的律师函予以证明。

提供法律帮助的其他人应向法院提交高等法学文凭或法学专业学位证书以及证明其权限的文件。

6. 代理人的权限可以用口头声明的形式确定,口头声明应记入审判庭笔录,也可以由委托人向法院提出书面申请。

第 54 条　代理人的权限

1. 代理人有权以被代理人的名义实施全部诉讼行为。但是,代理人在向法院提交的起诉书上签字、将争议移送公断庭审理、提出反诉、完全或部分放弃诉讼请求、减少诉讼请求的数额、承认诉讼请求、变更诉讼标的和诉讼理由、订立和解协议、将代理权移交他人(转委托)、对法院裁判提出上诉、提交追偿执行文件、领受被判决的财产或金钱等权利,在被代理人授予的委托书上应该有授权的专门说明。

2. 案件参加人颁发了在法院代理案件的委托书而后来又撤销的,应该立即将撤销的事宜通知审理案件的法院。

第六章 证据与证明

第 55 条 证据

1. 案件的证据是依照法定程序取得的关于法院据以确定存在还是不存在证明当事人的请求和反驳的情况,存在还是不存在对于正确审理和解决案件有意义的其他情况的信息材料。

这些信息材料可以从当事人和第三人的解释、证人的证言、书证和物证、录音和录像、鉴定人的结论中取得。

双方当事人和第三人的解释、证人的证言可以依照本法典第 155-1 条规定的程序使用视频系统取得。

2. 违反法律取得的证据,不具有法律效力,不得作为法院判决的基础。

第 56 条 证明责任

1. 每一方当事人均应对他论证自己请求和反驳对方所援引的情况进行证明,但联邦法律有不同规定的除外。

2. 法院应确定,哪些情况对案件有意义,应由哪一方当事人进行证明,并将情况提出进行讨论,即使当事人并没有援引这些情况。

3. 每个案件参加人均应在法院规定的期限内向案件其他参加人揭示他用以证明自己请求和反对意见的证据,但本法典有不同规定的除外。

第 57 条 证据的提交与调取

1. 证据由案件参加人提交。案件参加人向法院提交的文件,包括通过法院官网向法院递交诉状及其所附文件的情况下,如果其他参加人没有这些文件,案件参加人应向其他参加人送交文件的复印件。

法院有权建议他们提供补充证据。如果这些人难以提供必要证据,法院可以根据他们的申请在搜集和调取证据方面给予协助。

2. 调取证据的申请书应该说明证据的特征,还要指出对于正确审理和解决案件有意义的何种情况可能被该证据所证明或推翻,指出妨碍取证的原因和证据所在地。法院向当事人发给调取证据的证明信或者直接取证,有关人员必须执行。掌握法院所调取证据的人,应将证据送交法院或交给持有证据调取介绍信的人,由该人转交法院。

3. 公职人员或公民如果根本不可能提交或者不能在规定期限内提交所调取的证据,应该在收到调取证据介绍信之日起的 5 日内将此情况通知法院,并说明原因。如果不通知法院,以及由于法院认为不正当的理由而不执行法院关于调取证据的要求,对案件参加人以外的要依照本法典第八章规定的程序和数额处以诉讼罚金:对公职人员,要处以数额为 1000 卢布以下的罚金,对公民,要处以数额为 500 卢布以下的罚金。

4. 科处罚金不免除掌握所调取证据的有关公职人员和公民向法院提交该证据的义务。

第 58 条　就地勘验和审查证据

1. 如果不能或者难以将书证或物证运送到法院,则法院可以在证据的保管地或所在地对它们进行勘验和审查。

2. 证据的勘验和审查由法院进行,并通知案件参加人,但是案件参加人不到场不妨碍证据的勘验和审查。必要时,可以传唤鉴定人、专家和证人参加证据的勘验和审查。

3. 就地勘验和审查证据时应制作笔录。

第 59 条　证据的关联性

法院仅接受那些对审理和解决案件有意义的证据。

第 60 条　证据的可采性

依照法律应该通过一定的证明手段得到证实的案件情节,不得由其他任何证据进行证实。

第 61 条　不需要进行证明的理由

1. 法院视为公认的情况不需要进行证明。

2. 已审结案件中已经发生法律效力的法院裁判所确认的情况对法院具有约束力。在审理另一案件时,如果案件参加人相同,以及在本法典规定的其他情况下,对上述情况不需要重新进行证明,也不得提出争议。

3. 在审理民事案件时,已经发生法律效力的仲裁法院裁决所确认的情况,在审理另一案件时,如果案件参加人相同,则不需要重新进行证明,案件参加人也不得提出争议。

4. 已经发生法律效力的刑事案件的判决,法院就该案作出的其他裁判和法院在行政诉讼案件中所作出的裁判,在被判决人员的行为是否发生和行为是否系该人所实施的问题上,对审理被判决人员行为民事法律后果案件的法院具有约束力。

5. 公证员在实施公证行为时已经证明的情况,如果经过公证的文件的真实性未依照本法典第186条被推翻,或者没有确认存在严重违反实施公证行为程序的事实,则不需要再进行证明。

第 62 条　法院委托

1. 审理案件的法院,如果必须在另一城市或另一地区取得证据,则可以委托有关法院实施一定的诉讼行为。

2. 法院关于法院委托的裁定应简要地叙述:所审理案件的内容,说明当事人的情况,他们的住所地或所在地;应该查明的情况;执行法院委托的法院应该搜集的证据。该裁定对于被委托法院具有约束力,并应在收到之日起的一个月内执行。

3. 在法院委托执行期间,案件的诉讼中止。

第 63 条　执行法院委托的程序

1. 法院委托的执行依照本法典规定的规则在审判庭进行。开庭时间和地点应通知案件参加人,但他们不到庭不妨碍委托的执行。

1-1. 关于执行委托的事宜应作出裁定,裁定和笔录及执行委托时搜集到的所有证据应立即送交发出委托的法院。如果由于法院意志以外的原因而不能完成委托时,应在裁定中予以说明。

2. 如果案件参加人、证人或鉴定人曾向执行委托的法院作过解释、陈述和提出过结论,当他们在审理案件的法院出庭时,可以按一般程序进行解释、陈述和提出结论。

第 63-1 条　公断庭要求协助取得证据的请求

1. 设立在俄罗斯联邦境内的公断庭(除为解决具体争议进行仲裁审理的公断庭外),在必须取得解决争议所必需的证据时,有权依照本法典第57条规定的程序向证据所在地的区法院发出请求,要求协助取得上述证据。公断庭可以将请求书发给公断审理的一方当事人,直接由该方送交上述法院。

2. 在本条第1款所规定的请求书中,指出应查明哪些情况,以及执行请求的法院应该取得哪些证据。请求书送交接收请求的法院。

3. 本条第 1 款所列请求书,可以是为了调取本法典第 71 条、第 73 条和第 77 条规定的书证、物证、音像证据。

4. 本条第 1 款所列请求,被请求法院应在收到之日起的 30 日内执行。在下列情形之一的,请求不予执行:

(1)请求调取本条第 3 款所列证据以外的证据;

(2)请求的执行可能侵犯公断审理参加人以外的第三人的权利和合法利益;

(3)就本法典第 22-1 条第 2 款所列争议发出的请求;

(4)请求可能使人接触属于国家机密的信息;

(5)请求可能使人接触未参加公断审理人员的服务秘密、商业秘密、银行秘密或其他受法律保护的秘密的信息。

5. 关于拒绝执行本条第 1 款所列请求的事宜,收到请求书的法院应作出裁定,裁定应送交发出请求的公断庭。对上述裁定不得提出申诉。

6. 本条第 1 款所列请求,依照本法典的规则在审判庭执行。应将开庭的时间和地点通知公断审理的当事人。上述人员在收到开庭时间和地点通知后不到庭,不妨碍开庭,但这与请求的实质相悖的情形除外。

7. 关于执行本条第 1 款所列请求的事宜,应作出裁定,裁定书连同在执行请求时所搜集到的所有证据一并在 3 日内移送公断庭,如果请求书明文说明该方当事人可以取得所调取的证据,也可以交付提交请求书的公断审理当事人。在由于法院意志以外的原因不可能执行本条第 1 款所列请求的事宜时,法院应在裁定书中予以说明。

第 64 条　证据的保全

案件参加人如果有根据担心他们必需的证据不能提交或难以提交,则可以请求法院进行证据保全。

第 65 条　证据保全申请

1. 证据保全申请应递交给审理案件的法院或者应该实施保全证据的诉讼行为地的法院。申请书应该说明:正在审理的案件的内容,当事人的情况及其住所地或所在地;必须保全的证据;需要这些证据予以证明的情况;申请人请求证据保全的原因。

2. 对法院拒绝证据保全的裁定,可以提出上诉。

第 66 条　证据保全的程序

1. 证据保全由法官依照本法典规定的规则进行。

2. 笔录和在证据保全过程中搜集的所有材料均应移送审理案件的法院,并将此情况通知案件参加人。

3. 如果证据保全不在审理案件的法院进行,则适用本法典第 62 条和第 63 条的规则。

第 67 条　证据的评定

1. 法院按照自己基于全面、充分、客观和直接审查案件现有证据而形成的内心确信,对证据进行评定。

2. 任何证据对法院不具有事先确定的效力。

3. 法院应分别评定每一证据的关联性、可采性和真实性,以及证据的总和是否充分和相互联系。

4. 法院必须在判决中反映证据评定的结果,判决中应举出一些证据被采信作为法院结论的根据,而另一些证据却被法院推翻的理由是什么,以及一些证据优先于另一些证据的根据是什么。

5. 法院在评定文件和书证时,必须根据其他证据去确信这些文件和书证出自有权提交该种证据的机关,系由有权签署该文件的人员签字,它们包含该类证据的不可缺少的其他形式要件。

6. 在评定文件或其他书证的复印件时,法院应检查在复制时文件的复印件与原件比较是否更改过内容,借助于何种技术手段进行复制,复制是否能保证复印件与原件完全相同,文件的复印件是用什么方式保存的。

7. 如果文件的原件遗失或者未提交给法院,而争议双方所提交的文件复印件不完全相同,又不可能借助于其他文件确定原件的真实内容,则法院不得认定仅由文件复印件或其他书证证明的情况已经得到证明。

第 68 条　当事人和第三人的解释

1. 当事人和第三人关于他们知悉的、对正确审理案件有意义的情况所作的解释,应该与其他证据一起进行审查和评定。如果有义务证明自己请求和异议的当事人拒不提交所掌握的证据,法院则有权以另一方的证据作为自己结论的根据。

2. 一方当事人承认另一方当事人据以论证自己请求和异议的情况,则免除该另一方进一步论证这些情况的义务。此种承认应记入审判庭笔录。书面申请中表示的此种承认,应归入案卷。

3. 如果法院有理由认为,此种承认的目的是为了掩盖案件的真实情况或者是在欺诈、暴力、威胁、善意误解的影响下作出的,则法院不接受此种承

认,对此法院应作出裁定。在这种情况下,有关情况应按照一般根据进行
证明。

第 69 条 证人的陈述

1. 证人是可能知悉某种关于对审理和解决案件有意义的情况的信息材
料的人。证人提供的信息材料,如果证人不能说明自己知悉的来源,则不是
证据。

2. 要求传唤证人的人,必须说明何种对案件有意义的情况可以由该证
人证明,并将证人的姓名及住所地通知法院。

3. 以下人员不得作为证人受到询问:

(1)民事案件或行政案件中的代理人或刑事案件、行政违法行为案件中
的辩护人以及调停人——不得被询问因其履行代理、辩护或调解职责而知悉
的情况;

(2)法官、陪审员或仲裁员——不得被询问因作出民事判决、刑事判决或
仲裁裁决时在评议室讨论案情而产生的问题;

(3)进行了国家登记的宗教团体中的神职人员——不得被询问他从忏悔
中知悉的情况。

(4)仲裁员——不得被询问他在仲裁(公断审理)过程中所知悉的
情况。

4. 以下人员有权拒绝作证:

(1)公民有权拒绝做对自己不利的陈述;

(2)夫妻有权拒绝做对自己配偶不利的陈述,子女(包括被收养人)有权
拒绝做对父母(包括收养人)不利的陈述,父母(包括收养人)有权拒绝做对
子女(包括被收养人)不利的陈述;

(3)兄弟姐妹有权拒绝做对兄弟姐妹不利的陈述,祖(外祖)父母有权拒
绝做对孙(外孙)子女不利的陈述,孙(外孙)子女有权拒绝做对祖(外祖)父
母不利的陈述;

(4)立法机关的议员有权拒绝做关于他履行议员职责而知悉的信息材料
的陈述;

(5)俄罗斯联邦人权特派员有权拒绝做关于履行其职责而知悉的信息材
料的陈述。

(5-1)俄罗斯联邦总统儿童权利代表、俄罗斯联邦各主体的儿童权利代
表——不得被询问他在履行职责时所知悉的信息。

(6)俄罗斯联邦总统维护经营者权利代表、俄罗斯联邦各主体维护经营

者权利代表有权拒绝做关于因履行职责而知悉的信息的陈述。

第70条 证人的权利和义务

1. 作为证人被传唤的人,有义务在指定的时间出庭做真实的陈述。如果证人由于疾病、年老、残疾或其他正当原因不能被传唤到庭,法院可以在证人居留地询问证人。

2. 证人故意做虚假陈述或者出于联邦规定以外的理由而拒绝做陈述的,应承担《俄罗斯联邦刑法典》规定的责任。

3. 证人有权要求赔偿因被传唤出庭而发生的开支和有权取得损失时间的金钱补偿。

第71条 书证

1. 书证是含有关于对审理和解决案件有意义的情况的信息的文件、合同、证明书、业务往来信函以及其他用数字、图表形式完成的文件和材料,包括通过传真、电子邮件和其他通信手段、使用互联网取得的文件、依照俄罗斯联邦立法进行电子签名的文件,或者以其他可能确定文件真实性的方式取得的文件和材料。书证还包括法院的刑事判决和民事判决、法院其他裁判、实施诉讼行为的笔录、审判庭笔录、诉讼行为笔录的附件(图表、地图、计划、图纸)。

2. 书证应提交原件或经过恰当方式认证的复印件。

如果依照法律或其他规范性法律文件案情只能由文件的原件证明,或者没有文件的原件案件便不能解决,或者提交的文件复印件在内容上不一致,则必须提交文件的原件。如果提交给法院的书证是电子形式的,法院可以要求提交这些文件的原件。

3. 案件参加人向法院提交的或法院调取的书证的复印件,应送交案件其他参加人。法院所调取的书证的复印件,应提供给案件参加人。

4. 从外国取得的文件,如果不能推翻其真实性,并且文件已按规定程序进行过认证,则被认为是书证。

5. 在俄罗斯联邦签署的国际条约规定的情况下,外国的官方文件不经认证亦被认为是书证。

第72条 书证的退还

1. 案件中的书证,根据提交人的请求,在法院判决生效后退还给提交人。在这种情况下,案卷中应保留经法官签字证明的书证复印件。

2. 如果法院认为可能,书证也可以在法院判决生效之前退还给提交人。

第 73 条　物证

物证是因其外观、性质、所在地或其他特征而可能成为确定对于审理和解决案件有意义的情况的物品。

第 74 条　物证的保管

1. 物证在法院保管,但联邦法律规定的情形除外。

2. 不能送交法院的物证,在原处或法院规定的其他地方保管。物证应经过法院的勘验,进行详细的描述,而必要时应该拍照或加盖封印。法院和保管人应采取措施保持物证原样不变。

3. 保管物证的费用依照本法典第 98 条由当事人分摊。

第 75 条　易坏物证的勘验和审查

1. 容易损坏的物证,法院应立即就地或在法院规定的地点进行勘验和审查,之后立即退还给提交勘验和审查的人,或者移交给可以按其用途进行利用的组织。在后一种情况下,可以向物证的占有人返还相同种类和质量的物品或者返还其价值。

2. 关于勘验和审查这种物证的时间和地点,应通知案件参加人。收到通知的案件参加人不到场,不妨碍物证的勘验和审查。

3. 对易坏物证进行勘验和审查的情况,应记入笔录。

第 76 条　物证的处分

1. 在法院判决生效后,物证应退还原主,或者移交给法院认定有权取得这些物品的人,或者按照法院规定的程序进行拍卖。

2. 依照联邦法律不能归公民所有或占有的物品,应移交给相应的组织。

3. 在物证勘验和审查后,如果物证的原主请求,而且请求的满足不妨碍案件的正确解决,则法院可以在案件诉讼终结前退还原主。

4. 就物证的处分,法院应作出裁定,对裁定可以提出上诉。

第 77 条　录音和录像

提交或要求调取电子载体上或其他载体上的录音或录像的人,必须指出何时何人在何种条件下进行录制。

第 78 条　录音和录像载体的保管和退还

1. 录音和录像的载体在法院保管。法院应采取措施使之保持原样不变。

2. 在特殊情况下,法院的判决生效之后,录音和录像的载体可以退还给原主人或原单位。根据案件参加人的请求,可以向他提供复制品,费用由案件参加人负担。

就退还录音和录像载体的事宜,法院应作出裁定,对裁定可以提出上诉。

第 79 条　鉴定的指定

1. 如果在案件诉讼审理中产生了需要科学、技术、艺术、手工艺各个不同领域专门知识才能解决的问题,法院应指定鉴定。鉴定可以委托司法鉴定机关、某一个或几个具体的鉴定人进行。

2. 每一方当事人和案件的其他参加人均有权向法院提出应该在鉴定时解决的问题。需要提出鉴定结论的最终范围由法院确定。法院排除所提出的问题时应说明理由。

当事人和案件其他参加人有权:要求法院在具体的司法鉴定机构进行鉴定或者委托具体鉴定人进行鉴定;申请鉴定人回避;阐述鉴定的问题;了解法院关于指定鉴定的裁定和裁定中表述的问题;了解鉴定结论;向法院申请指定再次鉴定、补充鉴定、综合鉴定或委员会鉴定。

3. 如果当事人逃避参加鉴定、不向鉴定人提供必要的材料和文件,以及在根据案情没有该方当事人参加便不能进行鉴定的其他情况下,法院根据哪一方当事人逃避鉴定和鉴定对该方有何意义,有权认定鉴定的事实已经得到查明或都已被推翻。

第 80 条　法院关于指定鉴定的裁定书的内容

1. 法院指定鉴定的裁定书应包括以下内容:法院的名称;指定鉴定的日期和鉴定结论应该制作并由鉴定人送交法院的日期;案件当事人的名称;鉴定名称;指定鉴定所要证实或推翻的事实;向鉴定人提出的问题;接受鉴定委托的鉴定人的姓名或鉴定机构的名称;向鉴定人提供的进行比对的材料和文件;鉴定时处理这些材料和文件的特殊条件,如果这些条件是必需的;支付鉴定费用的当事人。

2. 法院的裁定还应该指出,法院事先向鉴定人说明,或者当鉴定由司法鉴定机构的专家进行时,司法鉴定机构的领导人应事先向鉴定人说明,并提供虚假鉴定结论应承担《俄罗斯联邦刑法典》规定的责任。

第 81 条　提取进行比对的笔迹样本和文件上的签字

1. 如果文件上或其他书证上的签字人对签字的真实性提出异议,则法院有权提取笔迹样本以便进行核对。关于必须提取笔迹样本的事宜,法院应作出裁定。

2. 法官或法院提取笔迹样本可以在专家的参加下进行。

3. 关于提取笔迹样本的情况,应制作笔录。笔录应说明提取笔迹样本的时间、地点和条件。笔录由法官、被提取笔迹样本的人签字,如果有专家参加该项诉讼行为,则还要有专家签字。

第 82 条　综合鉴定

1. 如果确定案情需要同时利用不同知识领域或者利用某一知识领域不同学派进行研究,则法院应指定综合鉴定。

2. 综合鉴定应委托几个鉴定人进行。鉴定人根据研究结果阐述关于案情的共同意见,在意见中提出鉴定结论,鉴定结论应由所有鉴定人签字。

不参加阐述共同意见或者不同意共同意见的鉴定人,仅对鉴定结论中自己鉴定的那一部分上签字。

第 83 条　委员会鉴定

1. 关于由两个以上的鉴定人确定案件情况,法院指定委员会鉴定。

2. 鉴定人相互商议,得出共同意见,阐述共同意见并在鉴定结论上签字。

不同意另一鉴定人或其他鉴定人意见的,鉴定人有权就所有或个别有分歧的问题提出单独的鉴定结论。

第 84 条　进行鉴定的程序

1. 鉴定由司法鉴定机构的鉴定人根据该机构领导人的委托进行,或者由其他鉴定人根据法院的委托进行。

2. 鉴定在审判庭进行,如果出于鉴定性质之必需或者不可能或者难以将材料或文件送到审判庭进行鉴定,则可以在审判庭外进行。

3. 在进行鉴定时,案件参加人有权在场,但如果他们的参加可能妨碍鉴定的进行、鉴定人的商议和鉴定结论的制作等情形除外。

第 85 条　鉴定人的义务和权利

1. 鉴定人有义务:接受法院委托他进行的鉴定,并对提交给他的材料和文件进行充分研究;就向他提出的问题对于有根据的和客观的结论将结论送交指定鉴定的法院;根据法院的传唤亲自出庭和回答与进行鉴定以及他所提交的鉴定结论有关的问题。

如果提出的问题超出了鉴定人的知识范围或者所提交的材料或者文件不适于或不足以进行鉴定和提出鉴定结论,则鉴定人应向指定鉴定的法院提交关于不能提出鉴定结论的书面通知,并说明理由。

鉴定人应保证提交给他鉴定的材料和文件的完好并将它们与鉴定结论或不能进行鉴定的通知一并退还法院。

如果鉴定人或司法鉴定机构不执行法院在指定鉴定的裁定中所规定的期限内将鉴定结论送交法院的要求,又不提交报告说明不能及时进行鉴定或由于本条第2款所列原因而不能进行鉴定的理由,法院则依照本法典第八章规定的程序和数额对司法鉴定机构领导人或上述行为的过错人处以诉讼罚金。

2. 鉴定人无权:独立搜集进行鉴定的材料;与诉讼参加人进行个人接触,只要这样做会使他与案件的结局没有利害关系受到怀疑;泄露他因为进行鉴定而知悉的信息材料,或者将鉴定结果告诉指定鉴定的法院以外的任何人。

鉴定人或司法鉴定机构无权以当事人拒绝在进行鉴定前支付鉴定费用为由拒绝在规定期限内进行被委托的鉴定。如果当事人拒绝预先支付鉴定费用,鉴定人或司法鉴定机构也必须进行法院指定的鉴定,在将鉴定结论送交法院的同时,将证明鉴定支出费用的单证连同要求补偿费用的申请一并送交法院,以便法院根据本法典第96条第1款和第98条的规定解决相关当事人偿付鉴定费用的问题。

3. 鉴定人出于提出结论之必需,有权了解与鉴定对象有关的案件材料;请求法院向他提供进行鉴定的补充材料和文件;在审判庭向案件参加人、证人提问;申请吸收其他鉴定人参加鉴定。

第86条 鉴定结论

1. 鉴定人以书面形式提交鉴定结论。

2. 鉴定结论应该详细描述进行鉴定的情况、根据鉴定结果所得出的结论并回答法院提出的问题。如果鉴定人在进行鉴定时发现对审理和解决案件有意义却没有向他提出问题的情况,鉴定人则有权将有关这些情况的意见写入自己的鉴定结论。

3. 鉴定人的鉴定结论对法院没有约束力,鉴定结论的评定应根据本法典第67条规定的规则进行。法院如不同意鉴定结论,则应该在法院的判决或裁定中说明不同意的理由。

4. 在进行鉴定的期间,可以中止案件的诉讼。

第87条 补充鉴定和再次鉴定

1. 如果鉴定结论不够明确或不够充分,法院可以委托同一鉴定人或另一鉴定人进行补充鉴定。

2. 如果对原鉴定结论的正确性或是否有根据产生了怀疑以及几位鉴定人的鉴定结论存在着矛盾,则法院可以就相同的问题指定再次鉴定,再次鉴定应委托另外的一名或几名鉴定人进行。

3. 法院指定补充鉴定或再次鉴定的裁定中应该阐述法院不同意鉴定人原结论的理由。

第七章　诉讼费用

第 88 条　诉讼费用

1. 诉讼费用包括国家规费和与案件审理有关的费用。
2. 国家规费的数额和交纳程序由关于税费的联邦法律规定。

第 89 条　交纳国家规费的优惠

在俄罗斯联邦税费立法规定的情况下和依照俄罗斯联邦税费立法规定的程序提供交纳国家规费的优惠。

第 90 条　免交、少交、延期或分期交纳国家规费的根据和程序

免交国家规费、减少国家规费的数额、延期或分期交纳国家规费的根据和程序,依照俄罗斯联邦税费立法规定。

第 91 条　诉讼价额

1. 诉讼价额按以下办法计算:
(1)在追偿金钱的诉讼中——按追偿的金额计算;
(2)在追偿财产的诉讼中——按所追偿财产的价值计算;
(3)在追偿扶养费的诉讼中——按年度扶养费总额计算;
(4)在定期支付和发放款项的诉讼中——按所有支付和发放款项的总和计算,但不得超过 3 年的总和;
(5)在不定期或终身支付和发放的款项的诉讼中——按 3 年支付和发放款项的总和计算;
(6)在减少或增加支付和发放款项的诉讼中——按减少或增加的支付和发放款项的总和计算,但不得超过 1 年的总和;
(7)在终止支付和发放款项的诉讼中——按剩余支付和发放款项的总和计算,但不得超过 1 年的总和;
(8)在提前解除财产租赁合同的诉讼中——按合同剩余有效期内使用财

产应支付金额的总和计算,但不得超过3年的总和;

（9）在关于属于公民所有的不动产客体的所有权的诉讼中——按客体的价值计算,但不得低于清点评估价格,在没有清点评估价格时,不得低于保险合同中对客体的估价;如果不动产客体属于组织,则不得低于客体在资产负债表中的估价;

（10）在包括几个独立请求的诉讼中——单独按每个请求计算。

2. 诉讼价额由原告人确定。如果诉讼价额显然与所追偿财产的实际价值不符,则诉讼价额由法官在受理诉讼请求时确定。

第92条　补交国家规费

1. 补交国家规费的根据和程序依照俄罗斯联邦税费立法规定。

2. 在案件审理时增加诉讼请求的数额时,在原告人提交补交国家规费的证据后或法院依照本法典第90条解决延期或分期交纳、免交国家规费、减少国家规费数额的问题后,案件的审理继续进行。

第93条　退还或冲抵国家规费的根据和程序

退还或冲抵国家规费的根据和程序依照俄罗斯联邦税费立法规定。

第94条　与案件审理有关的费用

与案件审理有关的费用包括:

1. 应该付给证人、鉴定人、专家和翻译人员的费用。

2. 外国公民和无国籍人负担的翻译人员服务费,但俄罗斯联邦签订的国际条约有不同规定的除外。

3. 当事人和第三人出庭的交通和住宿费。

4. 代理人的服务费。

5. 进行现场勘验的费用。

6. 依照本法典第99条对实际耗费时间的补偿费用。

7. 由当事人负担的因审理案件而发生的邮政费用。

8. 法院承认的其他必要开支。

第95条　应该付给证人、鉴定人、专家和翻译人员的费用

1. 应该向证人、鉴定人、专家和翻译人员补偿出庭的交通、租赁住房的费用和在经常住所地之外生活而额外增加的费用（出差费）。

2. 对有工作而被作为证人传唤到庭的公民,应根据用于履行证人职责而实际耗费的时间和平均工资给予金钱补偿。对于没有工作而被传唤到庭的证人,应根据履行证人职责而实际耗费的时间和联邦法律规定的最低劳动报酬额获得金钱补偿。补偿费给付的办法和数额，由俄罗斯联邦政府规定。

3. 鉴定人、专家和翻译人员完成法院委托的工作应取得报酬，如果该工作不属于他作为国家机构工作人员的职责范围。对鉴定人、专家所付报酬的数额由法院与当事人商议并和鉴定人、专家协商决定。

第 96 条　当事人交纳应付给证人、鉴定人和专家的费用

1. 应该付给证人、鉴定人、专家的费用，以及法院认为必需的审理案件的其他费用，应由提出相应请求的一方当事人事先交付到俄罗斯联邦最高法院、普通申诉法院、普通上诉法院、共和国最高法院、边疆区法院、州法院、联邦直辖市法院、自治州法院、自治专区法院、军区（舰队）军事法院、俄罗斯联邦主体司法局以及对和解法官活动进行组织保障的机关，依照俄罗斯联邦预算立法开立的银行账户。如果上述请求由双方当事人提出，所需费用由双方均摊。

2. 如果传唤证人、指定鉴定人、聘请专家和其他应该付费的行为是根据法院主动进行的，则相应的费用使用联邦预算资金支付。

如果传唤证人、指定鉴定人、聘请专家和其他应该付费的行为是根据和解法官的提议进行的，则相应的费用使用和解法官工作的俄罗斯联邦主体的预算资金支付。

3. 法院以及和解法官根据公民的财产状况，可以决定公民免交本条第 1 款所列费用或者减少费用的数额。在这种情况下，上述费用使用相应预算资金支付。

第 97 条　向证人和翻译人员付费

1. 给证人的费用，在他们履行职责之后支付，而不论当事人的诉讼费用何时到达依照本法典第 96 条第 1 款指定的账户。翻译人员的服务费和他因出庭而发生的开支，使用相应的预算资金支付。

2. 向翻译人员付费的程序以及费用的数额，由俄罗斯联邦政府规定。向证人付费的办法由俄罗斯联邦政府规定。

第 98 条　当事人分摊诉讼费用

1. 法院应责成败诉方向胜诉方补偿案件的诉讼费用，但本法典第 96 条第 2 款规定的情形除外。如果部分胜诉，则本条所列诉讼费用按胜诉数额的比例补偿给原告方，而按原告败诉部分数额的比例补偿给被告方。

2. 本条第 1 款的规则，亦适用于双方当事人分摊上诉审、申诉审和监督审的诉讼费用。

3. 如果上一审级的法院未将案件发还重新审理,而是变更了下一审级法院的判决并作出新的判决,则新判决相应地变更诉讼费用的分摊比例。如果在这种情况下,上一级法院没有变更原判中分摊诉讼费用的部分,则这个问题应该由第一审法院根据利害关系人的申请解决。

4. 未对争议标的提出独立请求、在胜诉方参加案件的第三人,如果他们作为诉讼程序参加人的实际行为有助于作出胜诉裁判,则可以向他们补偿交纳的诉讼费。

5. 如果第三人未对争议标的提出独立请求,行使了对法院裁判的申诉权,而他的申诉并未得到满足,则案件参加人因参与该上诉的审理而交纳的诉讼费,可以向该第三人进行追偿。

第 99 条　追偿耗费时间的赔偿费

如果当事人非善意提出了无理诉讼请求,或者多次阻挠案件的正确及时审理和解决,法院则可以为另一方当事人的利益向该方追偿实际耗费时间的赔偿费。赔偿的数额由法院在合理的限度内根据具体证据决定。

第 100 条　代理人服务费的补偿

1. 根据法院判决胜诉方提出的书面申请,法院可以责成另一方在合理限度内支付胜诉方代理人的服务费。

2. 如果律师服务是按规定程序向判决胜诉方无偿提供的,则本条第 1 款所列律师服务费应向另一方追偿,作为有关律师组织的收入。

第 101 条　在放弃诉讼请求和签订和解协议时诉讼费用的分摊

1. 在原告人放弃诉讼请求时,他所负担的诉讼费用不予补偿。原告人应向被告人补偿因案件进行而发生的费用。如果原告人由于在提起诉讼后被告人自愿满足诉讼请求,则原告人在本案中的一切诉讼费用,包括代理人的服务费,均可根据原告人的请求向被告人追偿。

2. 在签订和解协议时,双方当事人应该规定分摊诉讼费用的办法,包括分摊代理人服务费的办法。

如果双方当事人在签订和解协议时未规定诉讼费用的分摊办法,法院则分别依照本法典第 95 条、第 97 条、第 99 条和第 100 条解决这一问题。

第 102 条　当事人诉讼费用的补偿

1. 在法律规定的情况下,为了维护原告人的权利、自由和合法利益而向法院提出诉讼请求的原告人,如其诉讼请求被完全或部分驳回,则使用相应预算的资金,完全或按原告人诉讼请求部分驳回或满足的比例补偿被告人因案件审理而发生的费用。

2. 如果解除财产扣押的诉讼请求得到满足,则使用相应预算的资金补偿原告人所发生的诉讼费用。

第 103 条　补偿法院因审理案件而发生的诉讼费用

1. 法院因审理案件而发生的费用以及原告人被免交的国家规费,按诉讼请求被满足的比例向没有被免交诉讼费用的被告人追偿。在这种情况下,追偿的款项作为相应预算的收入,而国家规费则依照俄罗斯联邦预算立法规定的交纳办法上交相应的预算。

2. 在驳回诉讼请求时,法院因审理案件而发生的费用,应向没有被免交诉讼费用的原告人追偿作为相应预算收入。

3. 如果诉讼请求被部分满足,而被告人又被免交诉讼费用,则法院因审理案件而发生的费用应按败诉或胜诉的比例向没有被免交诉讼费用的原告人追偿作为相应预算收入。

4. 如果双方当事人均被免交诉讼费用,则法院以及和解法官因审理案件而发生的费用,使用相应预算资金补偿。

5. 法院依照本条所发生诉讼费用的补偿程序和数额,由俄罗斯联邦政府规定。

第 103-1 条　诉讼费用问题的解决

1. 因案件在第一审法院、上诉审法院和申诉审法院以及通过监督程序进行审理而交纳的诉讼费用问题的申请,如果问题在相应法院没有解决,则可以在审结案件的终审法院裁判生效之日起的 3 个月内向作为第一审法院审理案件的法院提出。

2. 因案件在第一审法院、上诉审法院和申诉审法院以及通过监督程序进行审理而交纳的诉讼费用问题的申请,由于正当原因而迟误了递交的期限的,可以由法院恢复该期限。

第 104 条　对法院诉讼费用裁定的上诉

对法院关于诉讼费用的裁定,可以提出上诉。

第八章 诉讼罚金

第 105 条 诉讼罚金的科处

1. 在本法典规定的情况下,诉讼罚金由法院科处。科处的诉讼罚金的数额对公民不得超过 5000 卢布,对公职人员不得超过 3 万卢布,对组织不得超过 10 万卢布。

2. 法院对违反联邦法律规定的职责不参加案件审理的国家机关、地方自治机关、组织的公职人员科处诉讼罚金,罚金由他们个人负担。

3. 法院关于科处诉讼罚金的裁定的副本应送交被处罚人。

4. 诉讼罚金上交作为联邦预算收入。

第 106 条 诉讼罚金的减免

1. 被科处诉讼罚金的人员,在收到法院科处诉讼罚金的裁定的副本之日起的 10 日内,可以向科处诉讼罚金的法院申请减免诉讼罚金。该申请应在 10 日内开庭审理。开庭的时间和地点应通知被科处诉讼罚金的人员,但被处罚人不出庭不妨碍申请的审理。

2. 对法院驳回减免诉讼罚金申请的裁定,可以提出申诉。

第九章　诉讼期间

第 107 条　诉讼期间的计算

1. 诉讼行为应在联邦法律规定的诉讼期间实施。在联邦法律未规定诉讼期间的情况下,由法院指定。法院应根据合理原则指定诉讼期间。

2. 诉讼期间由日期决定,或者由必然应该发生的事件决定,或者由时期决定。在后一种情况下,诉讼行为可以在整个时期内实施。

3. 诉讼期间按年、月、日计算,自日期或事件开始发生的次日起计算。按日计算的期限,非工作日不计算在内,但本法典有不同规定的除外。

第 108 条　诉讼期间的终结

1. 按年计算的诉讼期间,在期间最后一年的相应月和日届满。按月计算的期间,在期间最后一月的相应日届满。如果按月计算的期间在其最后一月没有相应的日,则诉讼期间在最后一月的最后一日届满。

2. 如果诉讼期间的最后一日适逢非工作日,则非工作日之后的第一个工作日为诉讼期间的终结之日。

3. 规定了实施期间的诉讼行为,可以在期间的最后一日 24 时前实施。如果上诉状、文件或钱款在期间最后一日 24 时前交付邮政组织,则不视为逾期。

4. 如果诉讼行为直接在法院或其他组织实施,则该法院或该组织按规定结束工作日或结束相应业务之时为诉讼期间的届满之时。

第 109 条　迟误诉讼期间的后果

1. 实施诉讼行为的权利自联邦法律规定的或法院指定的诉讼期间的届满而消灭。

2. 诉讼期间届满后递交的上诉状和文件,如果没有申请恢复迟误的诉讼期间,则法院不予审理,并退回递交人。

第 110 条　诉讼期间的中止

1. 所有尚未届满的诉讼期间的计算随着案件诉讼的中止而同时中止。

2. 自恢复案件的诉讼之日起诉讼期间继续计算。

第 111 条　诉讼期间的延长

法院指定的诉讼期间可以由法院延长。

第 112 条　诉讼期间的恢复

1. 当事人由于法院认为正当的原因而迟误联邦法律规定的诉讼期间的,迟误的诉讼期间可以恢复。

2. 要求恢复期间的申请应提交给实施诉讼行为的法院,并在法院开庭审理。开庭的时间和地点应通知案件参加人,但是他们不到庭不妨碍法院对此问题的解决。

3. 在递交恢复迟误诉讼期间申请的同时,应该实施迟误期间的必要诉讼行为(递交上诉状、提交文件)。

4. 如果本法典没有不同规定,要求恢复迟误期间的申请应开庭审理。应将开庭的时间和地点通知案件参加人,但他们不到庭不妨碍解决向法院提出的问题。

5. 对要求恢复迟误诉讼期限的申请,法官根据审理结果作出恢复诉讼期限的决定或者驳回恢复诉讼期限的申请,对法官的裁定可以提出申诉。

6. 关于恢复迟误递交申诉状、监督审申请、抗诉书的诉讼期限的申请,依照本法典第 376-1 条第 2 款和第 3 款、第 390-3 条第 2 款和第 3 款、第 391-2 条第 2 款和第 391-11 条第 2 款规定的程序审理。

迟误递交申诉状、监督审申请、抗诉书的诉讼期限,只有在特殊情况下,即法院认为存在客观上排除在规定期限内递交申诉状、监督审申请的可能性的情况,而这些情况又发生在被申诉的法院裁判生效之日起的 1 年内从而认为期限的迟误有正当理由,才能够予以恢复。

第十章 法院的通知和传唤

第 113 条 法院的通知和传唤

1. 通知和传唤案件参加人以及证人、鉴定人、专家和翻译人员到庭，使用附有回执的挂号信、附有回执的传票、电话通知或电报通知、传真通知或使用其他保证记载法院通知和传唤并保证送达收件人的通信和送达手段。

2. 传票是法院通知和传唤的一种形式。传票应将审判庭开庭或实施个别诉讼行为的时间和地点通知案件参加人。还应将传票和挂号信形式的诉讼文件副本送达案件参加人。传票也用来传唤证人、鉴定人、专家和翻译人员。

2-1. 国家权力机关、地方自治机关、其他机关和组织作为案件当事人或诉讼其他参加人的，如果法院掌握证据，说明上述人员已经以适当方式得到第一次审判庭开庭的时间和地点的通知，法院可以通过在法院的官网上发布本条第 3 款所列期限的办法进行通知。上述人在收到关于审理案件的第一次通知后，应自行采取措施，使用任何信息来源和任何通信手段取得有关案件进展的信息。

本条第 1 款所列人员，由于未采取措施取得案件进展而发生的不利后果，如果法院掌握信息，说明对这些人已经以适当方式通知了已经开始的诉讼，则由上述人员自行承担发生不利后果的风险，但他们由于非常情况和不可预防的情况而不能采取措施获得信息的情形除外。

如果地方自治机关、其他机关和组织在技术上没有可能，则它们有权申请不使用互联网给他们发送通知和传唤。

3. 法院通知和传唤送达案件参加人的时间，应使案件参加人有足够的时间准备案件和及时出庭。

4. 发给案件参加人的法院通知，应该按照案件参加人或其代理人指定的地址发送。如果公民实际上不在该地址居住,通知则可以发送到他的工作地点。

5. 发给组织的法院通知,应按照该组织的地址送交。

如果组织的设立文件规定设立代表机构或分支机构,则发给组织的通知也可以发送到其代表机构或分支机构的地址。

6. 本条所列法院通知和传唤的形式也对外国公民和外国法人适用,但俄罗斯联邦签署的国际条约有不同规定的除外。

7. 关于法院受理诉状的信息、法院开庭以及实施具体诉讼行为的时间和地点通知的信息,法院最迟应在开庭或实施具体诉讼行为前 15 天公布到法院的官网上,但法院有不同规定的除外,而对于加速审理的案件,则最迟在开庭或实施诉讼行为前 3 天发布到法院官网上。证明法院已将上述信息发布到法院官网以及发布的日期等材料,应附于案卷。

第 114 条　　传票和法院通知的内容

1. 法院的传票和其他通知应该包括以下内容:

(1)法院的名称和地址;

(2)开庭的时间和地点;

(3)被通知或被传唤到庭的收件人名称;

(4)收件人以什么身份被通知或被传唤;

(5)收件人被通知或被传唤的有关案件的名称。

2. 给案件参加人的传票或其他法院通知应要求被传唤或被通知人向法院提交他们所掌握的案件所有证据,同时指出不提交证据和不到案的后果,说明他们有义务向法院说明不到案的原因。

3. 在送给被告人传票或其他法院通知的同时,法官还应附送诉讼请求的副本,而在送给原告人传票或其他法院通知的同时,如果法院已经收到解释,还要附送被告人的书面解释。

第 115 条　　传票和其他法院通知的送达

1. 法院传票和其他通知通过邮局或法官委托的人送达。送达收件人的时间应按邮政组织规定的形式确定或者在应该退还法院的文件上确定。

2. 法官经案件参加人同意可以将传票或其他法院通知交给其他人,由他转交被通知或被传唤到案的人。接受法院委托送达传票或其他法院通知的人,必须将传票的存根或其他法院通知的副本连同收件人的收据一并送回法院。

第116条   传票的交付

1. 给公民的传票,应交给本人,并由他在传票存根上签收,存根应送回法院。给组织的传票,应交给相应的公职人员,并由他在传票存根上签收。

2. 如果送达传票的人未在被传唤人住所地找到收件人,则传票应经本人同意交给与收件人共同生活的成年家庭成员,由他将传票转交给收件人。

如果公民在认定他无行为能力或限制行为能力的案件中被法院传唤,则传票上应注明必须送交他本人,不允许将认定收件人无行为能力或限制行为能力的传票交给他人。

3. 如果收件人暂时不在,则送达传票的人应在传票存根上注明收件人的去处和可能于何时返回。

4. 如果收件人下落不明,则在应交付的传票上注明此情况,并指出实施行为的日期和时间以及消息来源。

第117条   拒绝接受传票或其他法院通知的后果

1. 如果收件人拒绝接受法院传票或其他通知,则送达人或交付人应在传票或其他法院通知上作相应的记载,法院传票或其他通知应退回法院。

2. 拒绝接受法院传票或其他通知的收件人,被认为已经通知了法庭审理或实施个别诉讼行为的时间和地点。

第118条   在案件诉讼中变更地址

案件参加人在案件诉讼过程中变更地址的,必须将变更地址的情况报告法院。如果没有报告,则传票或其他法院通知仍按法院已知收件人最后住所地或地址寄送,即使收件人不在原址,传票或其他法院通知也被认为已经送达。

第119条   被告人下落不明

如果被告人下落不明,法院则在自被告人最后住所地收到有关情况的信息资料后开始案件审理。

第120条   查找被告人和(或)儿童

1. 如果被告人下落不明,根据要求维护俄罗斯联邦、俄罗斯联邦各主体、地方自治组织利益的诉讼请求,以及在追偿扶养费、因致残或其他健康损害和供养人死亡而发生的损害赔偿案件中,法官必须作出裁定,宣布查找被告人。如果被告人和(或)儿童下落不明,根据要求返还非法移居到俄罗斯联邦或被扣留在俄罗斯联邦的儿童的请求,或根据俄罗斯联邦的国际条约行使对该儿童探视权的请求,法官应作出对被告人和(或)儿童进行查找的裁定。

2. 查找被告人和(或)儿童的费用,根据俄罗斯联邦保障法院活动秩序、保障法院裁判和其他机关文件执行的区域行政机关依照本法典第十一章规定的程序发出法院命令的方式进行追偿。

第十一章　法院命令

第 121 条　法院命令

1. 法院命令是在本法典第 122 条规定的诉讼中,根据向债务人追偿金钱或动产的申请而由法官独任作出的法院裁定,如果应该追偿的金钱数额或动产的价值不超过 50 万卢布。

2. 法院命令同时也是执行文件,并应按执行法院裁判的程序予以执行。

第 122 条　可以发出法院命令的请求

在下列请求的案件中,可以发出法院命令:

请求的根据是经过公证的法律行为;

请求的根据是以普通书面形式实施的法律行为;

请求的根据是公证员对票据发出的拒绝支付、拒绝承兑和拒绝签署承兑日期的命令;

请求是追偿未成年子女的抚养费而与确定父亲身份、对父亲身份(母亲身份)提出争议或必须追加其他利害关系人等无关;

请求是追偿已经加算出来但未向工作人员支付的工资、休假费用、解雇时给付的费用和(或)应向工作人员支付的其他款项;

请求是联邦行政机关的地区机关提出的保障法院正常活动程序和法院以及其他机关关于追偿查找被告人或债务人或儿童费用的文件的裁判或文件的执行;

请求是为了追偿雇主拖欠工资、休假费用、在解雇时应给付的费用和(或)其他应向工作人员支付的款项;

请求是追偿住房费、单元楼房中公共财产大修和维护费、物业费以及通

信费;

请求是向不动产业主合伙和消费合作社成员追偿必须交纳的费用和会费。

第 123 条　提出申请法院命令

1. 要求发出法院命令申请应按照本法典规定的一般审判管辖规则向法院提出。

2. 提出发出法院命令申请的,应按联邦税费立法规定的数额交纳国家规费。

第 124 条　要求发出法院命令的申请书的形式和内容

1. 要求发出法院命令的申请应以书面形式提出。

2. 法院命令申请书应该包括以下内容:

(1)接受申请书的法院的名称。

(2)追偿人姓名(名称)、追偿人的住所地或所在地。

(3)债务人(公民)的信息:姓名、住所地,以及出生日期和地点、工作地点(如果知道)和一个身份识别码(个人保险号、税务登记号、身份证明序列和号码、个体经营者国家注册号、驾驶证序列和号码、交通工具登记证序列和号码),对于作为债务人的组织,应包括下列信息:名称和地址,以及税务登记号和国家注册号(在已知的情况下)。在追偿人为公民时,如果追偿人知悉,应在申请书中指明债务人的一个识别号。

(4)追偿人的请求和作为追偿理由的情况。

(5)证明追偿人请求根据的文件。

(6)所附具文件的清单。

如果追偿的是动产,申请书还应指出该动产的价值。

3. 要求发出法院命令的申请书由追偿人或享有相应权限的追偿人代理人签字。代理人递交的申请书,应附具证明其权限的文件。

第 125 条　退回要求发出法院命令的申请或拒绝受理上述申请的理由

1. 法官根据本法典第 135 条规定的理由以及有下列情形之一时,退回请求发出法院命令的申请:

(1)未提交证明所提出申请的文件;

(2)提交申请未交纳国家规费;

(3)要求发出法院命令申请书的格式和内容不符合本法典第 124 条的规定。

2. 法官退还要求发出法院命令的申请书,不妨碍追偿人在排除上述违规事实后再次向法院提出对同一债务人根据相同理由再次提出请求发出法院命令的申请。

3. 法官依照本法典第 134 条规定的根据以及有下列情形之一时,应拒绝接受作出法院命令的申请:

(1)申请提出的请求不是本法典第 122 条所规定的;

(2)债务人的住所地或所在地在俄罗斯联邦境外;

(3)从申请书和所附文件中可以看出对权利存在争议。

4. 对退还或拒绝受理请求发出法院命令的申请,法官应在收到申请书之日起 3 日内作出裁定。

第 126 条　作出法院命令的程序

1. 法院在自收到要求发出法院命令的申请书之日起 5 日内就所提出请求的实质作出法院命令。

2. 法院命令的作出无须进行法庭审理,也无须传唤追偿人和债务人。

法院审查追偿人请求发出法院命令的申请书及所附文件中所叙述的论证该人立场的材料并根据提交的文件作出法院命令。

第 127 条　法院命令的内容

1. 法院命令应该指出:

(1)案件编号和作出命令的日期;

(2)法院名称,作出法院命令的法官的姓名;

(3)追偿人的名称、住所地或所在地;

(4)债务人的名称、住所地或所在地,债务人是公民的,还应说明其出生日期和地点、工作地点(在知悉的情况下);

(5)请求所依据的法律;

(6)应该追偿的金钱数额或动产的标的及其价值;

(7)在联邦法律规定追偿违约金的情况下的违约金数额,以及在应该追偿罚金情况下的罚金数额;

(8)应该向债务人追偿作为追偿人收入或作为相应预算收入的国家规费的数额;

(9)如果是对俄罗斯联邦预算体系的预算资金进行追偿的,应说明接收应追偿款项的追偿人银行账户要件;

(10)规定分批履行或分期偿付的债务所形成的期间。

2. 在追偿未成年子女抚养费的法院命令中,除本条第 1 款第 1 项至第 5 项规定的内容外,还应指出债务人的出生日期和出生地、债务人的工作地点,应给付抚养费的每个子女的名字和出生日期,每月向债务人追偿的金额和追偿的期限。

3. 法院命令使用专门表格制作,一式两份,由法官签字。法院命令的一份留在法院。给债务人制作法院命令的副本。

第 128 条　将法院命令通知债务人

法官在作出命令之日起的 5 日内向债务人发出法院命令的副本,债务人在收到命令之日起 10 日内有权对命令的执行提出异议。

第 129 条　法院命令的撤销

如果在规定期限内收到债务人对执行法院命令提出的异议,法官应撤销法院命令。在关于撤销法院命令的裁定中,法官应向追偿人说明,他可以通过诉讼程序提出请求。关于撤销法院命令的法院裁定的副本应在作出之日起 3 日内送交当事人。

第 130 条　法院命令交付追偿人

1. 如果债务人未在规定期限内提出上诉,则法官将盖有法院国徽章的第二份法院命令发给追偿人予以执行。根据追偿人的请求,法官依照俄罗斯联邦立法规定的程序使用可靠强化电子签名的电子版文件送交法警执行员予以执行。

2. 如果是根据法院命令向债务人追偿国家规费作为相应预算收入,则根据法院命令发出执行令,执行令由法院发给法警执行员予以执行,执行令可以由法官依照俄罗斯联邦立法规定程序的可靠强化电子签名的电子版文件。

3. 对交付执行的电子版文件法院命令的格式要求,由俄罗斯联邦政府规定。

第二编 第一审法院的诉讼程序·第二分编 诉讼程序

第十二章 起诉

第131条 起诉状的形式和内容

1. 起诉状以书面形式提交法院。

2. 起诉状应该指出：

（1）接受起诉状的法院名称；

（2）原告人的姓名（名称）、住所地或者作为原告人的组织的地址，如果起诉状是代理人提交的，还要指出代理人的姓名和住址；

（3）被告人的名称、所在地；被告人是公民的，应指出其住所地；

（4）对原告人权利、自由和合法利益的侵害或侵害威胁是什么，原告人的请求是什么；

（5）原告人据以提出自己请求的情况以及证明这些情况的证据；

（6）估价的诉讼价额，以及被追偿或有争议金额的计算；

（7）在联邦法律或双方当事人合同规定的情况下，关于遵守向被告提出请求前的庭外调解的信息资料；

（8）起诉状所附文件的清单。

起诉状可以指出原告人、原告人的代理人、被告人的电话、传真号码、电子邮件地址，其他对案件的审理和解决有意义的信息资料，以及叙述原告人的申请。

3. 检察长为维护俄罗斯联邦、俄罗斯联邦各主体、地方自治组织或者维护不定范围人群的权利、自由和合法利益而提交的起诉状，应该指出他们的具体利益是什么，什么权利受到侵害；起诉状还应该援引这些利益维护方式的法律或其他规范性法律文件。

如果检察长维护的是公民的合法利益,则起诉状应该论证该公民不能提起诉讼的理由或者说明该公民向检察长提出请求。

4. 起诉状由原告人签字或在其代理人有权签字和向法院提交起诉状时由其代理人签字。

通过填写法院官网上的表格递交的起诉状,如果申请诉讼保全,应该有依照俄罗斯联邦立法规定程序使用可靠强化电子签名。

第 132 条　起诉状所附具的文件

起诉状应附具:

1. 证明已经依照规定程序和数额交纳国家规费的凭证或交纳国家规费优惠权的证明文件或延期、分期交纳国家规费或减少国家规费数额或免交国家规费的申请书。

2. 证明原告代理人权限的委托书或其他文件。

3. 如果联邦法律规定了强制性先行庭外调解程序,证明已经完成审前程序的文件。

4. 证明原告人据以提出诉讼请求的情况的文件。

5. 被追偿的或有争议的金额和结算书,结算书由原告人、原告人的代理人签字,以及结算书副本,副本份数与被告人和第三人的人数相同。

6. 关于送达的通知或其他证明已经向案件其他参加人送达他们所没有的起诉状、申请书和所附具文件的复印件,包括在通过填写相应法院官网上的表格的方式送交起诉状时向法院递交起诉状和所附文件。

7. 如果进行过和解和存在相关文件,则应提交证明一方(双方)实施了和解行为的文件。

第 133 条　起诉状的受理

1. 法官在收到起诉状之日起 5 日内必须审议法院受理起诉状的问题。关于法院受理起诉状的事宜,法官应作出裁定,根据该裁定在第一审法院提起民事案件。

2. 受理起诉状的裁定书应该指出准备案件的法庭审理,案件参加人应该实施哪些行为(包括和解在内)、实施这些行为的期限,以及法院的电话和传真号码、邮政地址、网址、案件参加人可以收发所审理案件信息的电子邮件地址和本法典规定的其他信息。

3. 法院受理起诉状裁定书的副本最迟应在作出裁定书之日的下一个工作日发给案件参加人。

第 134 条　拒绝受理起诉状

1. 有下列情形之一的,法官拒绝受理起诉状:

(1)诉讼请求应该通过宪法诉讼程序、刑事诉讼程序或行政违法行为案件程序审理或者不应该在法院审理;诉讼请求是由本法典或其他联邦法律并未规定享有相关权利的国家机关、地方自治机关、组织或公民为维护他人的权利、自由和合法利益而提出的;以本人名义提出的诉状中要求撤销的文件并不涉及起诉人的权利、自由和合法利益。

(2)对相同当事人、相同标的和相同理由的争议已经存在发生法律效力的法院判决,或者因原告人放弃诉讼请求或批准双方的和解协议而法院终止诉讼的裁定已经生效。

(3)相同当事人、相同标的和相同理由的争议已经存在对当事人具有强制力的公断庭裁决,但法院拒绝发出公断庭裁决强制执行令的情况除外。

2. 关于拒绝受理起诉状的事宜,法官应作出说明理由的裁定,裁定书应在收到起诉状之日起 5 日内连同起诉状和所附具文件一并交付或发交给起诉人。

3. 起诉状被拒绝受理后,起诉人不得对相同被告人、相同标的和以相同理由再次向法院起诉。对法官关于拒绝受理起诉状的裁定可以提出上诉。

第 135 条　起诉状的退回

1. 有下列情之一的,法官退回起诉状:

(1)如果联邦法律对该类案件规定了或者当事人合同规定了调整争议的先行庭外调解程序,而原告人未遵守该先行庭外调解程序,或者原告人未提交证明已经遵守与被告人争议的先行庭外调解程序的文件;

(1-1)提出的请求应该通过命令程序审理;

(2)案件不由该普通法院而由仲裁法院管辖;

(3)提交起诉状的是无行为能力人;

(4)起诉状没有签字,或者起诉状的签字人或提交人没有签字和向法院提交起诉状的权限;

(5)相同当事人、相同标的和相同理由的争议正在其他法院或公断庭进行诉讼;

(6)在法院作出受理起诉状的裁定之前收到原告人撤回起诉状的申请;

(7)未在法院裁定规定的期限内排除作为搁置起诉状理由的情况。

2. 关于退回起诉状的事宜,法官应作出说明理由的裁定。裁定应指出:如果案件不由本法院管辖,原告人应向哪个法院提交起诉状;如何消除妨碍案件提起的情况。法院的裁定应该在法院收到起诉状之日起 5 日内作出,并连同起诉状和所附文件交付或寄送起诉人。

3. 退回起诉状不妨碍原告人对相同被告人、相同标的和相同理由再次向法院起诉,只要原告人消除了违反规定的事实。对法官退回起诉状的裁定可以提出上诉。

第 136 条　起诉状的搁置

1. 法官如果确定向法院提交起诉状没有遵守本法典第 131 条和第 132 条规定的要求,则作出搁置起诉状的裁定。

法院应在裁定中指出搁置起诉状的理由和原告人应该排除起诉状搁置理由的期限。

搁置起诉状裁定的副本最迟应在作出裁定的次日送交原告人。

2. 如果起诉人在规定期限内执行了法官搁置起诉状裁定中的指示,则起诉状被认为是在原提交之日向法院提交的。

3. 如果本条第 1 款所指的情况未在搁置起诉状的裁定中指定的期限内排除,法院则应依照本法典第 135 条规定的程序退回起诉状和所附文件。

第 137 条　反诉

被告人有权在法院作出判决之前向原告人提出反诉,以便与原诉一并审理。反诉的提出按诉讼的一般规则进行。

第 138 条　受理反诉的条件

有下列情形之一的,法官受理反诉:

1. 反诉的提出是为了抵消原诉的请求。

2. 反诉的满足完全或部分排除原诉的满足。

3. 反诉与原诉之间存在相互联系,它们的一并审理有助于争议的更加迅速和正确的审理。

第十三章　诉讼保全

第 139 条　诉讼保全的理由

1. 根据案件参加人的申请,法官或法院可以采取措施进行诉讼保全。

可以向法院递交依照俄罗斯联邦立法规定的办法使用有可靠强化电子签名的诉讼保全申请书,或者通过在法院官网上填写表格的方式提交诉讼保全申请书。

2. 如果不采取诉讼保全措施可能使法院判决的执行发生困难或者成为不可能,则在案件的任何情况下均允许进行诉讼保全。

3. 依照本条第 2 款规定的理由和本章的规则,法官或法院可以根据公断庭审理当事人的申请,在公断庭所在地或债务人所在地、住所地或债务人财产所在地采取诉讼保全措施。

第 140 条　诉讼保全措施

1. 诉讼保全措施有:

(1)扣押属于被告人的财产或者被告或其他人持有的财产;

(2)禁止被告人实施一定的行为;

(3)禁止其他人实施涉及争议标的的一定行为,包括禁止向被告人交付财产或向被告人履行其他债务;

(3-1)责令被告人和其他人在互联网上对侵犯著作权和(或)邻接权的标的实施一定的行为,但对摄影作品和在互联网上用类似的方法获得的摄影作品权利除外;

(4)在提起解除财产扣押(排除查封)的诉讼时中止财产的变卖;

(5)在债务人依照诉讼程序对执行文件提出争议的情况下,中止按照执行文件进行追偿。

在必要时,法官或法院可以采取符合本法典第 139 条所列宗旨的其他诉讼保全措施。法官或法院可以同时允许采取几种诉讼保全措施。

2. 如果违反本条第 1 款第 2 项和第 3 项的禁止性规定,对过错人应依照本法典第八章规定的程序和数额处以诉讼罚金。此外,原告人有权依照诉讼程序请求这些人赔偿不执行法院诉讼保全裁定所造成的损失。

3. 诉讼保全措施应该与原告人提出的诉讼请求的数额相当。

4. 关于采取诉讼保全措施的事宜,法官或法院应立即通知进行财产或财产权、财产权限制(对财产设定负担)、财产权的移转和终止登记的相应国家机关或地方自治机关。

第 141 条 诉讼保全申请的审理

要求进行诉讼保全的申请应在法院收到的当日审理,而无须通知被告人或案件其他参加人。关于采取诉讼保全措施的事宜,法官或法院应作出裁定。

第 142 条 法院关于诉讼保全措施的裁定的执行

1. 法院关于诉讼保全的裁定应依照法院裁判的执行程序立即执行。

2. 根据法院关于诉讼保全的裁定,法官或法院给原告人发出执行令并向被告人送交法院裁定的副本。

第 143 条 一种诉讼保全措施代替另一种诉讼保全措施

1. 根据案件参加人的申请,允许依照本法典第 141 条规定的程序用一种诉讼保全措施代替另一种诉讼保全措施。

2. 在进行金钱之诉的保全时,被告人有权向法院的账户交纳原告人所请求的金额代替法院所采取的诉讼保全措施。

第 144 条 诉讼保全的撤销

1. 同一法官或法院可以根据被告人的申请或者自己主动撤销诉讼保全。

2. 关于撤销诉讼保全的问题应在审判庭解决。应将开庭的时间和地点通知案件参加人,但他们不到庭不妨碍诉讼保全撤销问题的审理。

3. 如果诉讼请求被驳回,已经采取的诉讼保全措施保留到法院判决生效之时。但是法官或法院也可以在作出判决的同时或作出判决之后作出撤销诉讼保全措施的裁定。在满足诉讼请求时,已经采取的诉讼保全措施直至法院判决执行始终有效。

4. 关于撤销诉讼保全措施的事宜,法官或法院应立即通知进行财产或财产权、财产权限制(对财产设定负担)、财产权的移转和终止登记的相应国家机关或地方自治机关。

第 144-1 条　维护互联网上影片(电影片、电视片)著作权和(或)邻接权的事先保全措施

1. 法院有权在诉讼提起之前根据组织或公民的书面申请采取旨在维护申请人互联网上影片(电影片、电视片)著作权和(或)邻接权的事先保全措施,但对摄影作品和在互联网上用类似的方法获得的摄影作品除外。这种申请可以通过填写法院公布在官方网站上的表格的形式提出,并按联邦法律规定的程序进行可靠强化电子签名。

2. 采取本条规定的事前保全措施应依照本法典规定的规则并考虑本条规定的特点。

3. 要求对互联网上的影片(电影片、电视片)著作权和(或)邻接权采取事前保全措施的申请向莫斯科市法院提出,但摄影作品和在互联网上用类似的方法获得的摄影作品除外。

4. 在提出要求对互联网上的影片(电影片、电视片)(摄影作品和在互联网上用类似的方法获得的摄影作品除外)著作权和(或)邻接权采取事前保全措施的申请时,申请人应向法院提交证明互联网上利用专属权客体的事实和申请人对该客体享有专属权的文件。不向法院提交上述文件是作出拒绝关于对互联网上的影片(电影片、电视片)专属权采取事前保全措施裁定的根据。在裁定中法院应向申请人说明他有权完成本款的要求后再次提出申请,还有权按照一般程序提起诉讼。在提出要求对互联网上的影片(电影片、电视片)(摄影作品和在互联网上用类似的方法获得的摄影作品除外)著作权和(或)邻接权采取事前保全措施的申请时,依照本款通过填写莫斯科市法院官方网站上公布的电子表格以及向法院提交证明互联网上利用专属权客体的事实和申请人对该客体享有专属权的文件均可以电子版形式进行。

5. 关于对互联网上的影片(电影片、电视片)专属权采取事前保全措施的事宜,法院应作出裁定。

裁定中规定在自裁定作出之日起 5 日内申请人应就法院采取财产利益保全措施的事项提起诉讼。上述裁定最迟在作出的次日在莫斯科市法院的官方网站上公布。

6. 如果法院采取本条规定的事先保全措施,要求维护互联网上影片(电影片、电视片)专属权的起诉书应该向该法院递交。

7. 如果申请人没有在法院关于维护互联网上的影片(电影片、电视片)专属权的事先保全措施的裁定规定的期限内提起诉讼,则该法院应撤销事先

保全措施。关于撤销事先保全措施亦应作出裁定。

关于撤销事先保全措施的裁定至迟应在作出裁定的次日在莫斯科市法院的官方网站上公布。

8. 如果申请人已经就对维护互联网上的影片（电影片、电视片）专属权采取事先保全措施的请求提起诉讼，则事先保全措施即作为保全措施继续有效。

9. 组织或公民，如果其权利和（或）合法利益因维护互联网上的影片（电影片、电视片）专属权采取的事先保全措施受到侵害，如果申请人未在法院规定的期限内就法院采取事先保全措施的事项提起诉讼，或者判决申请人败诉的法院裁判已经生效，则在提起诉讼前有权依照本法典第146条请求申请人赔偿损失。

第145条　对关于诉讼保全的法院裁定提出上诉

1. 对法院关于诉讼保全的所有裁定均可以提出上诉。

2. 如果法院关于诉讼保全的裁定作出时没有通知提出上诉的人，则提出上诉的期限自该人获悉法院裁定之日起计算。

3. 对关于诉讼保全的法院裁定提出上诉不中止裁定的执行。对法院撤销诉讼保全的裁定或用另一种诉讼保全措施代替一种诉讼保全措施的裁定提出上诉则中止法院裁定的执行。

第146条　向被告人赔偿诉讼保全所造成的损失

法官或法院在允许进行诉讼保全的同时，要求原告人提供赔偿被告人可能受到损失的保证。被告人在法院驳回诉讼请求的判决生效后，有权提起诉讼，要求原告人赔偿依原告请求而采取诉讼保全措施对被告人所造成的损失。

第十四章　法庭审理的准备

第147条　法院关于准备对案件进行法庭审理的裁定

1. 在受理起诉状以后,法官应作出关于准备对案件进行法庭审理的裁定,并指示双方当事人、案件其他参加人可以实施哪些行为,以及实施这些行为的期限,以保证正确与及时地审理和解决案件。

2. 对每一民事案件均必须准备法庭审理,准备应由法官在当事人、案件其他参加人及其代理人的参与下进行。

第148条　法庭审理的准备任务

法庭审理的准备任务包括:

1. 明确对正确解决案件有意义的事实情节。
2. 确定解决案件时应该依据的法律,确定双方当事人的法律关系。
3. 解决案件参加人和诉讼其他参加人的构成。
4. 双方当事人、案件其他参加人提交必要的证据。
5. 双方和解。

第149条　双方当事人准备案件法庭审理的行为

1. 在准备案件进行法庭审理时,原告人及其代理人应该:

(1)向被告人提交证明诉讼事实根据的证据的复印件;

(2)向法官申请调取他在没有法院帮助的情况下不能独立取得的证据。

2. 被告人及其代理人应该:

(1)明确原告人的诉讼请求和这些请求的事实根据;

(2)向原告人及其代理人和法院以书面形式对诉讼请求提出答辩状;

(3)向原告人及其代理人和法官提交说明其答辩根据的证据;

(4)向法官申请调取他在没有法院帮助的情况下不能独立取得的证据。

第 150 条 法官准备案件法庭审理的行为

1. 在准备案件法庭审理时,法官应该:

(1)向双方当事人说明其诉讼权利和诉讼义务;

(2)就诉讼请求的实质询问原告人及其代理人,并在必要时建议在规定期限内提交补充证据;

(3)就案件情况询问被告人,查明对诉讼请求有何答辩和哪些证据可以证明这些答辩;

(4)解决共同原告人、共同被告人和对争议标的没有独立诉讼请求的第三人参加案件的问题,以及解决不当被告人的更换、诉讼请求的合并和分立问题;

(5)采取措施使双方当事人进行和解,也可以根据联邦法律规定的程序双方当事人有权在法院审理的任何阶段对医学检查的结果进行和解,向双方当事人说明他们有权要求公断庭解决争议的权利以及其他诉讼行为的后果;

(5-1)解决过渡到通过简易程序审理案件的问题;

(6)将法庭审理的时间和地点通知对案件结局有利害关系的公民和组织;

(7)解决传唤证人的问题;

(8)指定鉴定和进行鉴定的鉴定人,以及解决聘请专家、翻译人员参加诉讼的问题;

(9)根据当事人、案件其他参加人、他们的代理人的请求,向组织和公民调取当事人及其代理人不能独立取得的证据;

(10)在紧急情况下就地进行书证和物证的勘验并通知案件参加人;

(11)发出法院委托书;

(12)采取诉讼保全措施;

(13)在本法典第 152 条规定的情况下,解决进行预备庭、预备庭的时间和地点问题;

(14)实施其他必要的诉讼行为。

2. 法官应向被告人送达或交付起诉状和所附说明原告人请求理由的文件的副本,并建议被告人在规定期限内提交证据以证明其答辩的理由。法官应说明,被告人不在法官规定的期限内提交证据和答辩并不妨碍根据现有证据对案件进行审理。

3. 如果当事人多次对抗及时准备案件法庭审理,法官可以按照本法典

第 99 条规定的规则向该方追偿实际耗费时间的补偿费用。

第 151 条　几个诉讼请求的合并和分立

1. 原告人有权将几个相互关联的诉讼请求合并在一个起诉状内,但本法典规定的情形除外。

2. 法官如果认为诉讼请求分开审理更为适宜,则有权将一个或几个合并在一起的诉讼请求分立出来进行单独诉讼。

3. 在几名原告人提出诉讼请求或向几名被告人提出诉讼请求时,法官如果认为诉讼请求分开审理有利于案件的正确和及时的审理和解决,则有权将一个或几个诉讼请求分立出来进行单独诉讼。

4. 法官如果确定在该法院进行诉讼的是几个同类案件而且当事人相同,或者一个原告人对不同被告人提起几个案件,或几个原告人对同一被告人提起几个案件,法官如果认为合并在一起有利于案件的正确和及时的审理和解决,则有权考虑当事人的意见,将这些案件合并在一起进行审理和解决。

第 152 条　预备庭

1. 预备庭的目的是从诉讼上确认双方当事人准备案件的法庭审理而实施的处理行为,确定对正确审理和解决案件有意义的情况,确定案件的证据是否充分,调查向法院提出请求的期限和诉讼时效期是否迟误等事实。

2. 预备庭由法官独任进行。应将预备庭开庭的时间和地点通知双方当事人。当事人有权在预备庭提交证据,提出理由,提出申请。允许当事人依照本法典第 155-1 条规定的程序利用视频系统参加预备庭。

3. 案情复杂时,法官可以考虑当事人的意见,决定进行预备庭的期间超过本法典规定的审理和解决案件的期间。

4. 如果存在本法典第 215 条、第 216 条、第 220 条、第 222 条第 2 款和第 6 款规定的情况,案件的预备庭可以中止或终止,对起诉状可以不予审理。

4-1. 在预备庭可以解决将法院已经受理的案件移送到另一普通法院、仲裁法院审理的问题。

5. 关于中止或终止案件的审理、对起诉状不予审理的事项,法院应作出裁定。对法院的裁定可以提出上诉。

6. 预备庭可以审理被告人有关原告人无正当理由迟误维护权利的时效期和联邦法律确定的向法院提出请求的期限的答辩。

如果确定无正当理由迟误诉讼时效期和向法院提出请求的期限,法院应作出驳回诉讼请求的判决,而需要调查案件的事实情况。对法院判决可以通过上诉程序提出上诉。

6-1. 在预备庭根据父母(父母一方)的请求审理关于子女的争议时,监护和保护机关必须到庭,法院有权确定子女的居住地和(或)在法院裁判生效前行使亲权的办法。在监护和保护机关有肯定结论和在子女必须到庭的情况下,对这些问题作出裁定。如果有情况证明在相应法院裁判生效前子女改变实际居住地违背了子女的利益,则法院应裁定子女的实际居住地为法律裁判生效前子女的居住地。

7. 关于预备庭的进行,应依照本法典第 229 条和第 230 条制作笔录。

第 153 条　决定案件进行法庭审理

1. 法官在认定案件已经准备就绪后,应作出进行法庭审理的裁定,并将案件审理的时间、地点通知当事人和案件其他参加人,以及传唤诉讼的其他参加人。

2. 法官在确认案件已经准备就绪之后,有权结束预备庭。如果案件参加人已经到庭,则在双方当事人同意的情况下开庭;或案件参加人已经收到预备庭开庭的时间和地点的通知而没有到庭的人请求在他们不到庭的情况下对案件进行实体审理,在这种情况下也可以开庭,但依照本法典要求合议庭审理案件的情形除外。

第十五章　法庭审理

第 154 条　民事案件审理和解决的期限

1. 如果本法典未对案件的审理和解决规定不同期限,则法院应在收到起诉状之日起 2 个月内审理和解决民事案件,而和解法官则应在受理起诉状之日起 1 个月内审理和解决案件。

2. 下列案件应该在 1 个月内审结:恢复工作;追偿扶养费;拆除违章建筑和依照已核准许可建设、基本建设项目改造的最大参数、已经批准的土地与建设规则、区域规划文件或联邦法律规定的对基本建设客体参数的强制要求对违章建筑进行改建;对国家权力机关、地方自治机关关于因不拆除违章建筑或不依照上述参数和要求对违章建筑进行改建而终止土地物权(终身继承占有权、永久即无限期使用权)的决定提出异议。

3. 联邦法律可以规定审结某些种类民事案件的更短期限。

4. 在依照本法典第 33-1 条规定的程序将案件移转到按照民事诉讼规则审理时,案件的审理和解决从头开始。

5. 在本法典规定情况下搁置起诉状的期间不计入本条第 4 款规定的案件审理期间,但在计算诉讼的合理期限时应计算在内。

6. 根据案件的难易程度,审理案件的期限可以由法院院长、副院长、法庭审判长予以延长,但延长的时间不得超过 1 个月。

第 155 条　审判庭

民事案件的审理在审判庭进行,并且必须将开庭的时间和地点通知案件参加人,但本法典有不同规定的除外。

第 155-1 条　利用视频系统参加法庭审理

1. 如果法院有可能使用视频系统,则根据案件参加人、他们的代理人以及证人、鉴定人、专家、翻译人员提出的申请或者法院主动决定,上述人员可以利用视频系统参加法庭审理。关于上述人员利用视频系统参加法庭审理的事项,法院应作出裁定。

2. 为了保证案件参加人、他们的代理人以及证人、鉴定人、专家、翻译人员参加法庭审理,应使用上述人住所地、居留地或所在地的法院的视频系统。为了保障羁押中的或在剥夺自由场所服刑的人参加法庭审理,可以利用上述机构的视频系统。

3. 法院为保障案件参加人、他们的代理人以及证人、鉴定人、专家、翻译人员利用视频系统参加法庭审理,应检查他们是否到庭并确认到庭人员的身份,向证人、鉴定人、翻译人员取得关于审理案件的法院已经向他们说明权利、义务以及违反权利义务的责任的具结。上述具结应在取得之日起的 2 日内送交审理案件的法院并附于法庭审理笔录。

4. 如果为了保障羁押中或在剥夺自由场所服刑的人参加法庭审理而利用这些机构的视频系统,则在这些机构的行政技术帮助下取得关于审理案件的法院已经向他们说明权利、义务以及违反权利义务的责任的具结。

第 156 条　审判长

1. 独任审理案件的法官履行审判长的职责。在区法院合议庭审理案件时,由法官或该法院院长担任审判长,在其他法院的审判庭,则由法官、法院院长或副院长担任审判长。

2. 审判长领导审判庭,为全面和充分调查证据和案情、从审判中排除一切与案件审理无关的因素创造条件,如果某一案件参加人对审判长的行为提出异议,这些异议应记入审判庭笔录。审判长对自己的行为进行说明,而在合议庭审理案件时,由法庭全体组成人员进行说明。

3. 审判长采取必要措施保障审判庭应有的秩序。审判长的指令对所有诉讼参加人以及到审判庭旁听的公民均具有强制力。

第 157 条　法庭审理的直接原则和言词原则

1. 法院在审理案件时必须直接调查案件的证据:听取当事人和第三人的解释、证人的陈述、鉴定结论、专家的咨询和解释,了解书证,勘验物证,播放录音和录像。

2. 案件的审理应口头进行。法庭组成人员不得变更。如果在案件诉讼过程中变更一名法官,则案件的诉讼应从头开始。

3. 案件已经开始审理后,法庭宣布休庭的期间,法院有权审理其他民事案件、刑事案件、行政案件以及行政违法行为案件。

休庭结束后,审判长宣布审判庭继续开庭。对休庭前已经审查的证据不再重复进行审查。

第158条　审判庭秩序

1. 在法官进入审判庭时,全体人员均应起立。宣布法院判决以及宣布法院关于不作出判决而终止案件的裁定时,审判庭内的所有人员均应站立听候宣判。

2. 诉讼参加人对法官说话时应称呼"尊敬的法官大人",他们在作陈述和解释时均应站立。须经审判长批准方可不遵守这一规则。

3. 法庭审理进行的条件应能保证审判庭应有的秩序和诉讼参加人的安全。

4. 到庭的公民和经法庭允许进行电影拍摄、照相、录像、进行审判庭电视和电台转播以及互联网直播的人员的行为不得妨碍审判庭的应有秩序。法院也可以根据案件参加人的意见限制这些行为的时间,并且这些行为应在审判庭内法庭指定的地方进行。

5. 诉讼参加人和所有到庭的公民必须遵守审判庭的秩序。

第159条　对违反法庭秩序者采取的措施

1. 法庭审理参加人擅自违反法庭发言顺序、两次不执行审判长要求、言语粗鲁或有侮辱性发言或有号召实施依法应受到追究行为的,审判长有权以法庭的名义限制其发言。

1-1. 限制出庭人员发言时间的决定应记入审判庭笔录。被采取该措施的人有不同意见的,也应记入审判庭笔录。

2. 对破坏审判庭秩序或不服从审判长合法指令的出庭人员,在受到警告后,可以逐出法庭,不准再进入法庭或部分时间不准再进入法庭。

对再次违反审判秩序的出庭人员,可以逐出法庭,不准再进入法庭。

3. 案件参加人和其他出庭人员表现出蔑视法庭的,法庭有权对他处以诉讼罚金。

对蔑视法庭科处诉讼罚金的数额由本法典第八章规定,但对行为应承担刑事责任的情形除外。

4. 如果违反法庭秩序的人的行为含有犯罪要件,则法官应将有关材料移送调查机关或侦查机关,以便对违法者提起刑事案件。

5. 如果在审判庭旁听的公民群众性地违反法庭秩序,法庭可以将不是诉讼参加人的公民逐出法庭,而在闭门的审判庭审理案件或者推迟案件的审理。

第 160 条 审判庭开庭

在预定审理案件的时间,审判长宣布审判庭开庭,并宣布应审理什么民事案件。

第 161 条 检查诉讼参加人到庭

1. 审判庭书记员或助理法官向法庭报告,民事案件中被传唤的人中谁已经到庭,未到庭的人是否已经被通知到庭,有何材料说明他们缺席的原因。

2. 审判长确定到庭的诉讼参加人的身份,检查公职人员的权限及其诉讼参加人代理人的权限。

第 162 条 向翻译人员说明其权利和义务

1. 案件参加人有权向法庭提出候选翻译人员。

2. 审判长应向翻译人员说明他有义务翻译不通晓诉讼语言的人的解释、陈述和申请,而向不通晓诉讼语言的人说明案件参加人、证人的解释、陈述、申请的内容,以及所宣读的文件、播放的录音、鉴定结论、专家咨询意见和说明、审判长的指令、法院裁定和判决的内容。

3. 翻译人员有权在向诉讼参加人翻译时向审判长提问,以确切了解翻译的内容,了解审判庭笔录或个别诉讼行为笔录,以及对应该记入审判庭笔录的翻译内容是否正确提出意见。

4. 审判长应事先向翻译人员说明《俄罗斯联邦刑法典》对故意作不正确的翻译所规定的责任,并将翻译人员的有关具结归入审判庭笔录。

如果翻译人员逃避出庭或者逃避正确履行义务,则对他可以按照本法典第八章规定的程序和数额处以诉讼罚金。

5. 本条的规则亦适用于掌握手语翻译技能的人员。

第 163 条 证人退出审判庭

到庭的证人应退出审判庭。审判长应采取措施使已经被询问的证人不与尚未被询问的证人接触。

第 164 条 宣布法庭组成人员和说明自行回避与申请他人回避的权利

1. 审判长宣布法庭组成人员,并宣布谁是检察长、助理法官、法庭书记员、双方当事人的代理人和第三人,以及谁是鉴定人、专家、翻译人员,并向案件参加人说明他们申请自行回避和申请他人回避的权利。

2. 申请自行回避和申请他人回避的理由、解决回避的程序以及满足自行回避和他人回避申请的后果,由本法典第 16 条至第 21 条规定。

第 165 条　向案件参加人说明其诉讼权利和义务

审判长应向案件参加人说明他们的诉讼权利和义务,还要向当事人说明本法典第 39 条规定的权利。

第 166 条　法庭解决案件参加人的申请

案件参加人有关案件审理的申请,依照法院的裁定在听取案件参加人的意见后解决。

第 167 条　案件参加人及其代理人不到庭的后果

1. 案件参加人必须将不能到庭的原因通知法院,并提交说明这些原因实属正当的证据。

2. 如果案件的某一参加人不到庭,而又没有材料说明已经通知了案件参加人,则案件的审理应该推迟。

如果案件参加人已经收到关于开庭时间和地点的通知,他们不到庭的原因又被认为是正当的,则法院应推迟案件的审理。

3. 如果案件的某一参加人已经收到开庭时间和地点的通知而不到庭,又没有提交不到庭原因的材料,或者法院认定其不到庭的原因是不正当的,则法院有权审理案件。

诉讼申请要求认定公民无行为能力的公民,并且已经以适当方式将法庭审理的时间和地点通知该公民的情况下,如果法院认定他不到庭没有正当原因,则允许在他缺席的情况下审理案件。

4. 如果被告人已经收到开庭时间和地点的通知而不到庭,又未向法院说明不到庭的正当理由,即使未要求在他缺席的情况下审理案件,法院也有权在他缺席的情况下审理案件。

5. 双方当事人有权要求法院在其缺席的情况下审理案件,而向他送交判决的副本。

6. 在案件参加人的代理人因正当理由不出庭时,法院有权根据案件参加人的申请推迟案件的审理。

第 168 条　证人、鉴定人、专家、翻译人员不到庭的后果

1. 如果证人、鉴定人、专家、翻译人员不到庭,法院应听取案件参加人的意见,有无可能在证人、鉴定人、专家、翻译人员不出庭的情况下审理案件,并作出关于继续审理案件或延期审理案件的裁定。

2. 如果被传唤的证人、鉴定人、专家、翻译人员由于法院认为不正当的原因未到庭,对他们可以依照本法典第八章规定的程序和数额处以诉讼罚

金。证人无正当理由再次传唤不到庭的,可以进行拘传。

第 169 条　延期审理案件

1. 在本法典规定的情况下,以及由于某一诉讼参加人不到庭、已经提出反诉、必须提交或调取补充证据、追加其他人到案、实施其他诉讼行为、法庭审理的技术设备(包括视频系统)发生故障因而法庭认为不可能审理案件时,允许延期审理案件。如果双方当事人接受关于进行调停的决定,可以根据当事人的申请延期,法院延期审理的时间不得超过 60 天。

1-1. 在关于儿童的争议案件中,如果收到俄罗斯联邦为保障执行俄罗斯联邦的国际条约义务而任命的中央机关关于该机关收到有关该儿童非法移居俄罗斯联邦或被扣押在俄罗斯联邦的书面通知并附有该申请书的复印件,而儿童尚未达到该国际条约不得对之适用的年龄,则法院必须将案件的审理推迟 30 天。

2. 在延期审理案件时,应考虑传唤诉讼参加人或调取证据所需要的时间确定再次开庭审理案件的日期,对此应向所有到庭人员宣布,并由他们出具已经听到有关宣布的证明。还应将重新开庭的时间和地点通知未到庭的人员和需要追加到案的人员。

3. 在案件延期审理后,案件的审理从被推迟的时间起恢复进行。在推迟审理前已经审查过的证据不再进行审查。

4. (失效)

(本款由 2017 年 7 月 30 日第 260 号联邦法律删除)

第 170 条　在延期审理案件时询问证人

在案件延期审理时,如果双方当事人已经到庭,则法院有权询问已经到庭的证人。只有在必要时才允许重新开庭时再次传唤这些证人。

第 171 条　向鉴定人和专家说明其权利和义务

审判长应向鉴定人和专家说明其权利和义务,并警告鉴定人故意提供虚假鉴定的刑事责任,对此应由鉴定人具结保证,其具结保证应归入审判庭笔录。

第 172 条　开始案件实体审理

开始案件实体审理时,首先由审判长或一位法官作报告。然后审判长查明,原告人是否坚持自己的诉讼请求,被告人是否承认原告人的诉讼请求,双方当事人是否希望以签订和解协议或进行调停的方式终止案件。

第 173 条　原告人放弃诉讼请求、被告人承认诉讼请求和双方当事人和解

1. 原告人关于放弃诉讼请求、被告人承认诉讼请求以及双方当事人和解的条件,均应记入审判庭笔录,并分别由原告人、被告人或双方当事人签字。如果原告人放弃诉讼请求、被告人承认诉讼请求或双方当事人和解是在向法院提交的书面申请中表示的,这些申请则应归入案卷,对此应在审判庭笔录中进行说明。

2. 法庭应向原告人、被告人或双方当事人说明原告人放弃诉讼请求、被告人承认诉讼请求或双方当事人和解的后果。

3. 在原告人放弃诉讼请求而法院接受这种放弃,或者法院批准双方和解时,法院应作出裁定,同时终止案件的诉讼。法院批准当事人和解的裁定应依照本法典第十四章的规则作出。如果被告人承认诉讼请求而法院接受这种承认,则应作出满足原告人诉讼请求的判决。

4. 法院不接受原告人放弃诉讼请求,不接受被告人承认诉讼请求或者不批准双方当事人和解,则法院应作出有关裁定并对案件继续进行实体审理。

第 174 条　案件参加人的解释

1. 在报告案件后,法庭听取原告人和原告方的第三人、被告人和被告方的第三人的解释,然后听取案件其他参加人的解释。如果是检察长、国家机关、地方自治机关、组织的代表以及公民请求法院维护他人的权利和合法利益,则由他们首先进行解释。案件参加人有权相互提问。法官有权在案件参加人进行解释的任何时候向案件参加人提问。

2. 案件参加人不出庭时,以及在本法典第 62 条和第 64 条规定的情况下,应由审判长宣读诉讼参加人的书面解释。

第 175 条　确定审查证据的先后顺序

法庭在听取案件参加人的解释以后,并考虑案件参加人的意见,确定审查证据的先后顺序。

第 176 条　警告证人拒绝作陈述和作虚假陈述的责任

1. 在询问证人前,审判长应确定证人的身份,向他说明证人的权利和义务,并警告他拒绝作陈述或作虚假陈述的刑事责任。由证人具结,已经向他说明了他的义务和责任。具结应归入审判庭笔录。

2. 证人不满 16 岁的,审判长应向他说明讲述他所知道的情况的义务,但不得警告他拒绝作陈述或作虚假陈述的责任。

第 177 条　询问证人的程序

1. 每个证人单独询问。可以利用视频系统询问证人。利用视频系统询问证人由实体审理案件的法院按照本法典规定的一般程序并考虑本法典第 155-1 条的特点进行。

2. 审判长应查明证人对案件参加人的态度,并建议证人向法院报告他本人所知悉的案情。

3. 之后可以向证人提问。第一个向证人提问的是请求传唤该证人的人、该人的代理人,然后才是案件其他参加人、他们的代理人。法官有权在询问的任何时候向证人提问。

4. 在必要时,法院可以在同一个审判庭或下一个审判庭再次询问证人,以及为了查明证人陈述中的矛盾而再次询问证人。

5. 被询问的证人留在审判庭,直至案件审理终结,但法庭准许他提前离开的情形除外。

第 178 条　证人利用书面材料

证人在进行陈述时,如果陈述涉及某些数字材料或其他难以记忆的材料,则可以利用书面材料。这些材料应提交给法庭和案件参加人,并可以根据法院裁定归入案卷。

第 179 条　询问未成年证人

1. 询问不满 14 岁的证人时,以及根据法庭的裁量在询问年满 14 岁不满 16 岁的证人时,应传唤教师到庭。在必要时,还应传唤未成年证人的父母、收养人、监护人或保护人。上述人经审判长的批准可以向证人提问,以及阐述自己对证人个人情况及对证人所作陈述的意见。

2. 在特殊情况下,如果出于查明案情之必需,在询问未成年证人时,可以根据法庭的裁定让案件某一参加人或旁听的公民退出审判庭。案件参加人回到审判庭后,可以将未成年证人陈述的内容告诉他,同时还要让他有可能向证人提问。

3. 不满 16 岁的证人,在询问结束后退出审判庭,但法庭认为该证人有必要留在审判庭的情况除外。

第 180 条　宣读证人的陈述

在本法典第 62 条、第 64 条、第 70 条第 1 款和第 170 条规定的情况下取得的证人陈述,应在审判庭宣读,然后案件参加人有权对证人陈述进行解释。

第 181 条　书证的审查

书证或在本法典第 62 条、第 64 条、第 150 条第 1 款第 10 项规定的情况下制作的勘验笔录,应在审判庭宣读,并提交给案件参加人、他们的代理人,而在必要情况下还要提交给证人、鉴定人、专家。此后案件参加人可以进行解释。

第 182 条　宣读和审查公民的通信和电话

为了保护通信和电话秘密,公民的通信和电话只有经过通信人和通话人本人的同意才可以在公开的审判庭上宣读和审查。未经通信人和通话人本人的同意时,应在闭门的审判庭宣读和审查。

第 183 条　物证的审查

1. 物证由法庭勘验并向案件参加人、他们的代理人出示,必要时还要向证人、鉴定人、专家出示。向谁出示物证,则该人可以提请法庭注意与勘验有关的情况。这些申请应记入审判庭笔录。

2. 物证就地勘验笔录应在审判庭宣读,之后案件参加人可以进行解释。

第 184 条　就地勘验

1. 不能或难以送达法庭的书证和物证,应在其所在地或法院指定的其他地点就地勘验和审查。关于就地勘验的事项,法院应作出裁定。

2. 关于勘验的时间地点,应通知参加人,但他们不到场不妨碍勘验的进行。在必要时还可以传唤证人、鉴定人、专家参加。

3. 就地勘验的结果应记入审判庭笔录。在勘验时制作或检查的计划、图表、图纸、计算、文件复印件,在勘验时制作的录像、书证和物证的照片,以及鉴定结论和专家的书面咨询意见均应附于审判庭笔录中。

第 185 条　录音或录像的重放和审查

1. 如果录音或录像包含个人性质的内容,则在重放时和审查时应适用本法典第 182 条规定的规则。

2. 录音或录像的重放在审判庭进行或者在有专门设备的处所进行,审判庭笔录应说明所重放证据来源的特征和重放的时间。此后,法庭听取案件参加人的解释。必要时,录音和录像的重放可以完全或部分再次进行。

3. 为了查明录音或录像中的信息材料,法庭可以聘请专家。在必要时法庭可以指定鉴定。

第 186 条　关于证据属于伪造的声明

如果有人提出声明,说明现有证据是伪造的,为了审查该声明,法院可以指定鉴定或建议当事人提交其他证据。

第 187 条　审查鉴定结论　指定补充鉴定或再次鉴定

1. 鉴定结论应在审判庭宣读。为了对鉴定结论进行说明和补充,可以向鉴定人提问。第一个提问的是申请进行鉴定的人、他的代理人,然后由案件其他参加人及其代理人提问。如果鉴定是根据法院的提议进行的,则第一个向鉴定人提问的是原告人及其代理人。法官有权在询问鉴定人的任何时候向鉴定人提问。法院可以按照本法典第 155-1 条规定的程序利用视频系统询问鉴定人。

2. 鉴定结论在审判庭审查,与其他证据一起由法官进行评价,鉴定不具有事先确定的效力。法庭不同意鉴定结论时,应该在案件判决中或者在指定补充鉴定或再次鉴定的裁定中说明理由。补充鉴定或再次鉴定在本法典第 87 条规定的情况下并依照该条规定的程序进行。

第 188 条　专家咨询意见

1. 在必要情况下,在勘验书证或物证、重放录音或录像、指定鉴定、询问证人、采取证据保全措施时,法院可以聘请专家进行咨询、提供解释和给予直接技术帮助(摄影、制作计划和图表、挑选鉴定样品、对财产进行评估)。

2. 被作为专家传唤的人,必须出庭,回答法庭提出的问题,用口头或书面形式提供咨询意见和解释,必要时向法庭提供技术帮助。专家的咨询意见和解释可以依照本法典第 155-1 条规定的程序利用视频系统取得。

3. 专家根据其职业知识向法庭提供口头或书面咨询意见,而不必根据法院裁定进行专门研究。

专家用书面形式提出的咨询意见,在审判庭宣读并归入案卷。专家以口头形式提供的咨询意见,应记入审判庭笔录。

4. 可以向专家提问,要求对咨询意见进行说明和补充。第一个提问的是申请聘请专家的人、该人的代理人,然后由案件其他参加人及其代理人提问。如果专家是根据法院的提议聘请的,则第一个提问的是原告人及其代理人。法官有权在询问的任何时候向专家提问。

第 189 条　案件实体审理的终结

在审查完所有的证据之后,审判长请依照本法典第 45 条第 3 款和第 47 条参加诉讼的检察长、国家机关的代表或地方自治机关的代表对案件进行总结,查明案件其他参加人、他们的代理人是否希望发言进行补充解释。如果没有这种要求,则审判长宣布案件实体审理终结,并转入法庭辩论。

第 190 条 法庭辩论

1. 法庭辩论是由案件参加人及其代理人发言。在法庭辩论时,由原告人、原告人的代理人首先发言,然后是被告人、被告人的代理人发言。

2. 在已经开始的诉讼中对争议标的提出独立诉讼请求的第三人及其代理人在双方当事人及其代理人之后发言。对争议标的未提出独立诉讼请求的第三人及其代理人在法庭辩论中作为原告人或被告人哪一方的第三人参加诉讼,就在哪一方发言之后发言。

3. 向法院要求维护他人权利和合法利益的检察长、国家机关的代表、地方自治机关的代表、组织的代表以及公民,在法庭辩论中首先发言。

4. 在案件所有参加人及其代理人发言后,他们可以对发言内容进行抗辩。最后抗辩权始终属于被告人及其代理人。

第 191 条 重新对案件进行实体审理

1. 在案件实体审理终结后,案件参加人、他们的代理人无权在自己的发言中援引法庭未查明的情况,无权援引未经审判庭审查的证据。

2. 如果法庭在法庭辩论时或法庭辩论后认为必须查明对案件审理有意义的新情况,法庭可以作出重新对案件进行实体审理的裁定。在案件实体审理终结后,法庭辩论依照一般程序进行。

第 192 条 法庭退入评议室作出判决

法庭辩论结束后,法庭退入评议室,以便作出判决。对此审判长应向审判庭中的所有人宣布。

第 193 条 宣布法院判决

1. 判决作出和签字后,法庭回到审判庭。审判长或一名法官在审判庭宣布法院判决。然后由审判长口头说明法院判决的内容、提出上诉的程序和期限,宣布存在法官的不同意见,向案件参加人说明他们有权了解法官的不同意见并说明了解的期限。

2. 如果宣布的只是法院判决的结论部分,则审判长必须说明案件参加人及其代理人何时可以了解说明理由的法院判决全文。

3. 和解法官在宣读法院判决的结论部分时应说明案件参加人、他们的代理人有权提出申请,要求制作说明理由的裁决。在提出该申请的情况下,和解法官应向案件参加人、他们的代理人说明何时能够了解说明理由的法院判决全文。

第十六章　法院判决

第 194 条　*法院判决的作出*

1. 第一审法院对案件的实体裁判，以俄罗斯联邦的名义以判决的形式作出。

2. 法院判决在评议室作出。进入评议室的只能是独任审理案件的法官或者组成合议庭的法官。其他任何人都不允许进入评议室。

3. 法官评议依照本法典第 15 条规定的程序进行。法官不得泄露评议内容。

4. 在作出裁决时保留不同意见的法官，有权至迟在法院作出判决之日起的 5 日内用书面形式阐述自己的意见。在阐述自己的意见时，法官无权提及在讨论和作出判决时发生的议论，不得提及作为法庭组成人员的各位法官的意见，也不得以其他方式泄露法官评议秘密。法官的不同意见附于作出的判决。

第 195 条　*法院判决的合法有据*

1. 法院判决应该是合法的和有根据的。

2. 法院只能以经过审判庭审查的证据作为判决的根据。

第 196 条　*作出法院判决时应解决的问题*

1. 在作出法院判决时，法院对证据进行评价，确定哪些对于案件审理有意义的情况已经得到确认，哪些情况没有得到确认，双方当事人存在的是什么法律关系，对该案应该适用哪部法律，诉讼请求是否应该满足。

2. 法院如果认为必须查明对案件审理有意义的新情况，或者必须审查新的证据，则应作出重新进行法庭审理的裁定。在案件实体审理终结后再进行法庭辩论。

3. 法庭对原告人提出的诉讼请求作出判决。但是，在联邦法律规定的情况下,法院可以超过诉讼请求的范围。

第 197 条　法院判决的叙述

1. 法院判决由审判长或一名法官以书面形式进行叙述。

法院判决可以采用电子文件的形式。在使用电子文件时应额外制作一份该判决的纸质文件。

2. 在法官独任审理案件时,法院判决由法官签字。在合议庭审理案件时,法院判决由所有法官签字,包括保留特别意见的法官也要签字。对法院判决所作的更正,应该由法官签字予以证明。

第 198 条　法院判决的内容

1. 法院判决包括前言、叙事部分、理由部分和结论部分。

2. 法院判决的前言部分应该指出案件号、作出判决的日期和地点、作出判决法院的名称、法庭组成人员、法庭书记员、双方当事人、案件其他参加人、他们的代理人、争议标的或诉讼请求。

3. 法院判决的叙事部分应该说明原告人的诉讼请求、被告人的答辩和案件其他参加人的解释。

4. 法院判决的理由部分应该指出:

(1)法院已经确认的事实情节和其他情节;

(2)法院根据已经确定的案情作出结论;法院论证案情所依据的证据和作出判决的理由,法院推翻某些证据、接受或者驳回案件参加人用以论证自己请求或反驳的证据;

(3)法院作出判决时所遵循的法律和其他规范性法律文件以及法院不适用案件参加人所援引的法律或其他规范性法律文件的理由。

4-1. 如果被告人承认诉讼请求,在法院判决的理由部分可以仅指出被告人承认诉讼请求和法院接受这种承认。

如果由于认定诉讼时效期届满和迟误向法院提出请求的时效期是由于不正当原因,法院因而驳回诉讼请求,则在法院判决的理由部分仅指出法院所确定的上述情况。

在法院判决的理由部分,可以援引俄罗斯联邦最高法院全体会议就司法实践问题所作出的决议、俄罗斯联邦最高法院主席团决议以及俄罗斯联邦最高法院主席团批准的俄罗斯联邦最高法院司法实践评述。

5. 法院判决的结论部分应该包括法院完全或部分满足诉讼请求或驳回诉讼请求的结论,指出诉讼费用如何分摊,对法院判决提出上诉和抗诉的期限和程序。和解法官作出的法院判决的结论部分还应该指出要求制作说明理由的法院判决的期限和程序。

第 199 条 法院判决的制作

1. 法院判决在案件审理后立即作出。判决的结论部分应该在案件审结时当庭宣布。已经宣布的法院判决结论部分应该由所有法官签字并归入案卷。在制作电子版判决书的结论部分时,还应制作一份纸质版的结论部分并附于案卷。

2. 说明理由的法院判决可以推迟到案件审理终结后的 5 日内制作。

3. 和解法官对所审理的案件可以不制作说明理由的法院判决。

4. 如果和解法官收到案件参加人、他们的代理人要求制作说明理由的法院判决的申请,则和解法官应该制作说明理由的法院判决。递交上述申请的期限是:

(1)案件参加人、他们的代理人出庭的,在法院判决结论部分宣布后的 3 日内;

(2)案件参加人、他们的代理人不出庭的,在法院判决结论部分宣布后的 15 日内。

5. 和解法官在收到案件参加人、他们的代理人要求制作说明理由的法院判决的申请之日起的 5 日内制作说明理由的法院判决。

6. 法院对通过简易程序审理的案件所作的判决,应该考虑本法典第 232-4 条的特别规定。

第 200 条 法院判决书中笔误和其他明显计算错误的更正

1. 在法院判决宣布以后,对案件作出判决的法院无权撤销或变更判决。

2. 法院可以主动地或根据案件参加人的请求更正判决书中的笔误或明显的计算错误。更正判决书中错误的问题应在审判庭审议。应将开庭的时间和地点通知案件参加人,但他们不到庭不妨碍解决更正判决书中错误的问题。法院可以主动或根据案件参加人的申请纠正判决中的笔误和明显的计算错误。

3.(失效)

(本款由 2018 年 12 月 28 日第 451 号联邦法律删除)

第 201 条 法院的补充判决

1. 有下列情形之一的,原判法院可以主动地或根据案件参加人的申请作出补充判决:

（1）案件参加人、他们的代理人已经提交了证据和作出了解释,法院却对某一诉讼请求未作出判决;

（2）法院在解决权利问题后,却没有指出所判决的金额、应该交付的财产或者被告人必须实施的行为;

（3）法院未解决诉讼费用问题。

2. 关于作出补充判决的问题,可以在判决生效前提出。法院在审判庭审理上述问题后作出补充判决,对补充判决可以提起上诉。应将开庭的时间和地点通知案件参加人,但他们不到庭不妨碍审理解决作出补充判决的问题。

3. 对法院拒绝作出补充判决的裁定可以提出上诉。

第 202 条　法院判决的说明

如果法院的判决不明确,则原判法院有权根据案件参加人、法警执行员的申请对判决作出说明,而不变更判决书的内容。如果判决尚未执行,而且法院判决可以强制执行的期限尚未届满,还允许法院对判决进行说明。

第 203 条　法院判决的延期执行或分期执行　法院判决执行方式和程序的变更

根据案件参加人、法警执行员的申请,或者根据当事人的财产状况或其他情况,原审法院有权决定法院判决延期执行或分期执行,以及变更执行法院判决的方式和程序。

第 203-1 条　解决纠正判决中的笔误和计算错误、解释法院判决、延期执行或分期执行法院判决、变更法院判决执行方式和程序、按照消费价格指数调整判决金额等问题的程序

1. 纠正判决中的笔误和计算错误、解释法院判决、延期执行或分期执行法院判决、变更法院判决执行方式和程序、按照消费价格指数调整判决金额等问题,法院应在收到申请之日起的 10 日内解决,不开庭,不通知案件参加人。

在必要时,法院可以将解决上述问题的时间和地点通知案件参加人传唤他们到庭。

2. 法院根据解决的结果作出裁定,裁定在作出之日起的 3 日内送交案件参加人。

对法院裁定可以提出申诉。

第 204 条　确定执行法院判决的方式和期限　判决执行的保全

如果法院规定了执行法院判决的一定方式和期限,并要求立即执行法

院判决或者采取保全判决执行的措施,法院判决的结论部分应作相应的说明。

第 205 条　关于财产或财产价值的法院判决

法院判决以财产实物执行时,如果在执行时不存在所判决的财产,则法院应在判决中指出向被告人追偿的财产价值。

第 206 条　责成被告人实施一定行为的法院判决

1. 如果法院判决责成被告人实施与交付财产或金钱无关的一定行为,法院可以在该判决中指出,如果被告人不在规定期限内执行判决,原告人有权用被告人的费用实施这些行为并向被告人追偿必要的开支。

2. 如果上述行为只能由被告人实施,则法院应该在判决中规定执行判决的期限。责成组织或委员制机关实施与交付财产或金钱无关的一定行为(执行法院判决),由组织的领导人在规定期限内实施。如果无正当理由不在规定期限内执行法院判决,原判法院或法警执行员应对组织领导人或委员制机关领导人采取联邦法律规定的措施。

3. 根据原告人的请求,法院有权判决被告人向原告人支付金钱,以防不执行法院裁判,金额由法院根据公正、相当与不允许从非法行为或非善意行为中获利的原则决定。

第 207 条　几名原告人胜诉的法院判决或几名被告人败诉的法院判决

1. 当法院作出几名原告人胜诉的判决时,法院应指出每个原告人所占的份额,或者指出追偿权为连带权利。

2. 当法院作出几名被告人败诉的判决时,法院应指出每个被告人应该执行法院判决的份额,或者指出他们的责任为连带责任。

第 208 条　按消费价格指数调整所判金额

根据追偿人或债务人的请求,审理案件的法院在联邦法律规定的情况下并按联邦法律规定的数额,可以对法院所判处的金额按消费价格指数加算至法院判决得到执行之日。

第 209 条　法院判决发生法律效力

1. 如果对法院的判决没有提出上诉,则法院判决在上诉期限届满后发生法律效力。

如果对法院判决提出上诉,而原判决未被撤销,则法院判决在上诉审理后发生法律效力。如果上诉审法院裁定撤销或变更第一审法院的判决并作出新的判决,则新判决立即发生法律效力。

如果对区法院的判决提出上诉,而区法院的判决未被撤销,则区法院的判决在上诉审法院审理案件后发生法律效力。

2. 在法院判决生效后,双方当事人、案件其他参加人、他们的权利继受人不得根据相同理由在法院提出相同诉讼请求,也不得在另一民事诉讼中对法院已经确定的事实和法律关系提出争议。

3. 如果法院判决向被告人追偿分期付款,而在法院判决生效后情况发生变化,影响到付款数额的确定或付款的时间,则每一方当事人均有权通过提起新的诉讼要求变更付款的数额和期限。

第 210 条   法院判决的执行

除立即执行的情形外,法院判决在生效后依照联邦法律规定的程序予以执行。

第 211 条   应该立即执行的法院判决

法院命令和有关以下事项的法院判决应该立即执行:

追偿扶养费判决;

支付 3 个月内工资的判决;

恢复工作的判决;

将俄罗斯联邦公民列入选民名单、全民公决参加人名单的判决。

第 212 条   法院允许立即执行判决的权利

1. 如果由于特殊情况,延缓执行判决可能导致追偿人利益的重大损害或者根本不可能再执行,则法院可以根据原告人的请求允许立即执行判决。在允许立即执行判决时,法院可以要求原告人保证在法院判决被撤销时返还执行。关于立即执行法院判决的问题可以与作出判决同时解决。

1-1. 在拆除违章建筑和依照已核准许可建设、基本建设项目改造的最大参数、已经批准的土地和与建设规则、区域规划文件或联邦法律规定的对基本建设客体参数的强制要求对违章建筑进行改建的案件中,如果违章建筑对公民的生命和健康构成重大危险而延缓执行法院判决可能导致对不定范围人的重大损害,则法院根据原告人的请求可以规定判决立即执行。

2. 关于允许立即执行法院判决的问题在审判庭解决。应将开庭的时间和地点通知案件参加人,但他们不到庭不妨碍立即执行法院判决问题的解决。

3. 对法院关于立即执行法院判决的裁定可以提出上诉。对法院关于立即执行判决的裁定提出上诉不中止该裁定的执行。

第 213 条　法院判决执行的保全

法院可以根据本法典第十三章规定的规则保障非立即执行的法院判决的执行。

第 214 条　法院判决副本的发给和寄送

1. 法院判决的副本至迟应在作出和（或）制作之日起的 5 日内发给或寄送给案件参加人、他们的代理人。收件人应出具收条。

2. 电子版的法院判决，经案件参加人及其代理人的同意，至迟应在作出和（或）制作之日起的 5 日内以加密文件的形式传到法院的官网上。

如果法院判决仅在纸质载体上制作，则法院至迟应在作出和（或）制作之日起的 5 日内将判决的副本用有回执的挂号信寄送给案件参加人及其代理人，或者根据他们的请求直接发给他们，由他们出具收据。

3. 在联邦法律规定的情况下，法院判决生效以后，法院判决的副本可以纸质文件或电子文件的形式寄送给其他人。

第十七章　案件诉讼的中止

第 215 条　法院中止案件诉讼的义务

有下列情形之一的,法院必须中止案件的诉讼:

作为案件当事人或提出独立请求的第三人的公民死亡,如是有争议的法律关系允许权利继受;

一方当事人被认定为无行为能力人或者无行为能力的人没有法定代理人;

被告人参加军事行动、在非常状态或战争状态条件下以及在军事冲突条件下执行任务,或者原告人参加军事行动、在非常状态或战争状态条件下以及在军事冲突条件下执行任务并提出请求;

正在进行民事诉讼、行政诉讼、刑事诉讼以及行政违法行为诉讼的另一案件审结之前本案不可能审理;

法院就应该适用的法律是否符合《俄罗斯联邦宪法》的问题向俄罗斯联邦宪法法院提出咨询;

法院规定了双方和解的期限(在该期限届满之前)。

第 216 条　法院中止审理案件诉讼的权利

有下列情形之一的,法院可以根据案件参加人的申请或者自己主动地中止案件的诉讼:

一方当事人在医疗机构治疗;

被告人正在被通缉;

法院指定鉴定;

在收养案件和其他涉及子女权利和合法利益的案件中,监护和保护机关指定对收养人的生活条件进行调查;

法院依照本法典第 62 条发出法院委托;

法人作为案件中有独立诉讼请求的当事人或第三人进行改组。

第 217 条　中止案件诉讼的期限

中止案件诉讼的期限是：

在本法典第 215 条第 2 段和第 3 段规定的情况下——直至确定案件参加人的权利继受人或指定无行为能力人的法定代理人为止；

在本法典第 215 条第 4 段规定的情况下——直至排除中止案件诉讼理由的情况为止；

在本法典第 215 条第 5 段规定的情况下——直至法院裁判、法院民事判决、刑事判决、法院裁定发生法律效力为止或者直至根据行政违法行为案件诉讼审理中的案件材料作出裁判为止；

在本法典第 215 条第 6 段规定的情况下——直至俄罗斯联邦宪法法院作出相应裁决之时为止；

在本法典第 216 条第 7 段规定的情况下——直至案件参加人的继承人确定为止。

第 218 条　对关于中止案件诉讼的法院裁定的上诉

对中止案件诉讼的法院裁定可以提出上诉。

第 219 条　案件诉讼的恢复

在排除致使案件中止的情况后，根据案件参加人的申请或由法院主动，案件的诉讼可以恢复。在恢复案件诉讼时，法院应将此情况通知案件参加人。

第十八章　案件诉讼的终止

第220条　案件诉讼终止的理由

有下列情形之一时,法院终止案件的诉讼:

存在本法典第134条第1款第1项规定的根据;

就相同当事人、相同标的和相同理由的争议已经存在法院判决并且判决已经发生法律效力,或者法院由于原告人放弃诉讼请求或批准双方和解协议而作出了终止案件诉讼的裁定;

原告人放弃诉讼请求,而且这种放弃已经被法院接受;

双方达成和解协议,而且和解协议已经被法院批准;

就相同当事人、相同标的和相同理由的争议已经作出公断庭裁决,而且该裁决对双方当事人均具有强制力,但法院拒绝发出公断庭裁决强制执行令的情况除外;

在作为案件一方当事人的公民死亡后,有争议的法律关系又不允许权利继受或作为案件一方当事人的组织已经完成清算。

第221条　案件诉讼终止的后果

案件诉讼的终止应由法院作出裁定。裁定中应指出,相同当事人、相同标的和相同理由的争议不得再次向法院提起诉讼,但维护集团人群的权利和合法利益案件的诉讼已经依照本法典第244-24条第7款规定的程序终止的情形除外。

第十九章　对诉讼申请不予审理

第222条　对诉讼申请不予审理的理由

有下列情形之一的,法院决定对起诉状不予审理:

原告人未遵守联邦法律对该类案件规定的或双方合同规定的争议庭外调解程序或提出的请求应该通过命令程序审理。

诉讼申请是由无行为能力人提起的,但要求认定该人具有行为能力的请求、要求恢复被迟误的认定该人无行为能力的诉讼期限的诉讼除外。

诉讼申请的签字人或提起人不具有签字或提起的权限。

相同当事人、相同标的和相同理由的争议正在该法院、另一法院、仲裁法院进行诉讼。

双方有协议将该争议提交公断庭审理和解决,而任何一方当事人在第一审法院开始对案件争议进行实体审理之日前对在该法院审理和解决争议提出异议;而如果双方在法院审理而作出裁判前当事人签订了将争议交给公断庭审理,任何一方对在该法院对本案进行实体审理提出异议,从而终止了该案在法院进行实体审理。如果法院确认,双方关于争议由公断庭审理的协议无效、失效或不能执行,则这一根据不作为对诉讼不予审理的根据。

双方当事人未请求缺席审理,而经第二次传唤仍不到庭。

原告人未请求案件在他缺席时审理,而经再次传唤仍不到庭,被告人又不要求对案件进行实体审理。

第223条　对诉讼申请不予审理的程序和后果

1. 在对诉讼申请不予审理时,由法院作出裁定终结案件的诉讼。在该裁定中,法院必须指出,如何排除本法典第222条所列妨碍案件审理的情况。

2. 在排除案件不予审理的理由后,利害关系人有权依照一般程序再次向法院提起诉讼。

3. 如果原告人或被告人提交证据,证明不到庭的原因实属正当并且没有可能将原因通知法院,则法院根据原告人或被告人的申请撤销关于依照本法典第 222 条第 7 项和第 8 项所规定的理由对诉讼申请不予审理的裁定。对法院拒绝满足该申请的裁定可以提出上诉。

第二十章　法院裁定

第224条　作出法院裁定的程序

1. 第一审法院对案件不进行实体审理的裁判,以裁定的形式作出。法院裁定依照本法典第15条第1款规定的程序在评议室作出。

2. 在解决不复杂问题时,法院或法官可以不退入评议室即作出裁定。这样的裁定应记入审判庭笔录。

3. 法院裁定在作出后立即当庭宣读。

4. 法院裁定可以用电子形式完成。在制作电子格式的法院裁定时还应另外制作一份纸质的裁定。

第225条　法院裁定的内容

1. 法院裁定应该指明:

(1)第一审法院编制的案件号、作出裁定的日期和地点;

(2)作出裁定的法院名称、法庭组成人员和审判庭书记员;

(3)案件参加人、争议标的或所提出的请求;

(4)裁定的问题;

(5)法院结论的理由和法庭遵循的法律条文;

(6)法院裁判;

(7)在应该对法院裁定提出上诉时,提出上诉的程序和期限。

2. 法院未退入评议室所作出的裁定,应该包含本条第1款第4项至第6项所列各项内容。

第226条　法院的个别裁定

1. 如果发现违反法律的情况,法院有权作出个别裁定并将裁定送交有关组织或有关公职人员,而有关组织和有关公职人员必须在1个月内将自己采取的措施通知法院。

2. 如果公职人员不将采取的措施通知法院,可以依照本法典第八章规定的程序和数额对有过错的公职人员处以诉讼罚金。科处罚金不免除有关公职人员将根据法院个别裁定所采取的措施通知法院的义务。

3. 如果在审理案件时法院发现当事人、其他诉讼参加人、公职人员或其他人员的行为中存在犯罪构成,法院应将此情况报告调查机关或侦查机关。

第 227 条   向案件参加人寄送法院裁定的副本

1. 法院关于中止或终止案件诉讼的裁定或对诉讼申请不予审理的裁定的纸质版,应在作出裁定之日起的 3 日内寄送给没有出庭的案件参加人。根据案件上述参加人的请求或经他们同意,在法院有技术可能的情况下,可以采取加密文件形式将裁定上传到法院官网。

2. 没有出庭的案件参加人是国家权力机关、地方自治机关、其他机关和组织的,可以通过加密文件形式将本条第 1 款所列法院裁定的副本上传到法院官网。如果法院没有技术可能这样做,则法院裁定应最迟在作出之日起的 3 日内寄送给上述案件参加人。

第二十一章 笔录

第 228 条 必须制作笔录

第一审法院和上诉审法院每次开庭(包括预备庭)的过程中,以及在审判庭外实施个别诉讼行为时,均应使用录音手段(制作录音笔录)并同时制作书面形式的笔录。

第 229 条 笔录的内容

1. 审判庭笔录或审判庭外实施个别诉讼行为的笔录应该反映案件审理或实施个别诉讼行为的全部重要情况。

2. 审判庭笔录应该指出:

(1)进行审判的日期和地点;

(2)审判庭开庭和闭庭的时间;

(3)审理案件的法院的名称、法庭组成人员、助理法官和审判庭书记员;

(4)案件的名称和第一审法院编制的案件号;

(5)案件参加人、他们的代理人、证人、鉴定人、专家、翻译人员到庭的情况;

(6)关于向案件参加人、他们的代理人、证人、鉴定人、专家、翻译人员说明其诉讼权利和义务的情况;

(7)审判长的指令和法院在审判庭作出的裁定;

(8)案件参加人及其代理人的申请和解释;

(9)证人的陈述、鉴定人对鉴定结论的说明和专家的咨询意见和说明;

(10)关于宣读书证的情况,勘验物证、播放录音、录像的情况;

(11)检察长和国家机关代表、地方自治机关代表的结论;

(12)法庭辩论的内容;

(13)关于宣读和说明法院判决和法院裁定的情况,说明对法院判决和裁

定提出上诉程序的期限的情况;

（14）关于向案件参加人、他们的代理人说明其了解审判庭笔录和录音以及对它们提出意见的权利;

（14-1）关于审判庭利用录音、摄像、视频系统和（或）其他技术手段的情况,以及在开庭过程中进行电影摄影、照相、摄像、电视转播和互联网直播的情况;在进行转播时,还要指出进行转播的大众信息媒体或互联网网站的名称;

（15）制作笔录的日期。

3. 在和解法官审理案件的审判庭笔录中,还应指出已经向案件参加人、他们的代理人说明他们有权提出制作说明理由的法院判决的申请。

第 230 条　笔录的制作

1. 笔录由法庭书记员在审判庭或在审判庭外实施个别诉讼行为时制作,或者受审判长的委托由助理法官制作。笔录以书面形式制作,可以手写也可使用技术手段制作。使用录音手段制作审判庭笔录应在庭审过程中不间断地进行。为了保证笔录制作的完整,法院也可以使用速记、录音和其他技术手段。法庭书记员或助理法官受审判长的委托对审理过程中或庭外实施个别诉讼行为的过程中监控速记、录音和（或）摄像、视频系统和（或）其他技术手段的使用。

笔录中应说明使用录音和其他技术手段记录审判庭过程的情况。使用录音、速记和（或）其他技术手段所获得的信息的载体,应附于审判庭笔录。

2. 案件参加人、他们的代理人有权申请宣读某一部分的笔录和将他们认为对案件有重大意义的情况记入笔录。

3. 审判庭笔录应该在审判庭闭庭后的 3 日内制作和签字,审判庭外实施个别诉讼行为的笔录应该在行为实施后的第二日内制作和签字。

4. 审判庭笔录由审判长和法庭书记员签字。如果笔录是助理法官受审判长委托制作的,则由审判长和助理法官签字。所有对笔录的修改、补充、更正均应作附带说明并由审判长和法庭书记员或者审判长和助理法官签字证明。

5. 审判庭笔录和（或）审判庭笔录的录音可以根据案件参加人、他们的代理人的申请进行复制,费用由案件参加人、其代理人负担,此申请应在笔录中进行记录。

第 231 条　对笔录的意见

案件参加人、他们的代理人有权了解笔录以及审判庭和审判庭外实施个别诉讼行为的录音,并在笔录签字之日起的 5 日内以书面形式对笔录提出意见,指出笔录的不准确和(或)不完整。

第 232 条　对笔录意见的审查

1. 对审判庭或审判庭外实施个别诉讼行为笔录和录音的意见应由在笔录上签字的法官即审判长审查,审判长如果同意该意见,则对其正确性加以认证,而如果不同意,则作出说明理由的裁定,以及完全或部分驳回的意见。意见在任何情况下均应归入案卷。

2. 对审判庭或审判庭外实施个别诉讼行为笔录或录音的意见应该在提出之日起的 5 日内审查。

第二十一·一章 简易程序

第 232-1 条　简易诉讼程序

1. 简易程序案件由一名法官按照本法典规定的一般诉讼程序进行审理,但要考虑本章的特别规定。

2. 在通过简易程序审理有外国人参加的案件时,还要适用本法典第五编的特别规定,但本章有不同规定的除外。

3. 民事案件通过简易程序应在法院收到起诉状之日起的 2 个月内审结。

第 232-2 条　通过简易程序审理的民事案件

1. 下列民事案件应该通过简易程序审理:

(1)追偿金钱或财产的诉讼,标的额不超过 10 万卢布的,但通过命令程序审理的案件(本法典第 122 条和第 125 条第 3 款)除外;

(2)请求承认所有权的案件,诉讼标的额不超过 10 万卢布的;

(3)根据原告人提交的确定被告人金钱之债而被告人承认该债务却不履行的文件,以及根据证明合同之债的文件提起的诉讼,但通过命令程序审理的案件除外。

2. 根据一方当事人的请求,在另一方当事人同意的情况下或根据法院的建议并在双方同意的情况下,法官在准备案件审理时作出裁定对其他案件按照简易程序审理,但存在本条第 4 款规定情况的情形除外。

3. 下列案件不得通过简易程序审理:

(1)涉及国家机密的;

(2)涉及子女权利的争议,但追偿抚养费的争议除外;

(3)致人生命或健康损害的赔偿;

(4)公司争议;

(5)追偿俄罗斯联邦预算体系的预算资金。

4. 如果在通过简易程序审理案件的过程中确认案件不应该通过简易程

序审理,第三人提出参加案件的独立要求得到满足,提出反诉,而反诉不能按照本章的规则进行审理,或者法院(包括根据当事人的请求)得出以下结论时,法院应作出按照一般规则审理案件的裁定:

(1)必须补充查明一些情况和审查补充证据,以及进行勘验和就地进行证据审查,指定鉴定或听取证人证言;

(2)提出其他请求,包括对其他人提出请求,或者因本案作出的法院裁判可能侵犯他人的权利和合法利益。

5. 在关于按照一般诉讼程序审理案件的裁定中,应指出案件参加人应该实施的行为以及实施这些行为的期限。在裁定作出后,如果过渡到按照一般诉讼程序审理案件是由于必须进行勘验、就地进行证据审查、指定鉴定或听取证人证言,则案件的诉讼从头开始。

6. 如果存在几个请求,而其中一个具有财产性质并且属于本条第1款所列请求,而其他请求具有非财产性质,而法院并未依照本法典第151条将这些非财产性质请求分出单独诉讼,这些请求则均按简易程序审理。

第232-3条 简易程序审理案件的特别规定

1. 本法典第232-2条所列案件的起诉状和所附具的文件按本法典规定的一般管辖规则送交法院。

2. 法院作出受理起诉状的裁定,裁定中应指出案件通过简易程序审理,或者作出改为按照简易程序审理,并规定双方当事人向审理案件的法院和向案件参加人相互提交证据和对请求异议的期限,该期限应不少于自裁定作出之日起的15日。法院裁定中可以指出和解的可能性,建议双方自行解决争议。

3. 在本条第2款规定的裁定中,法院规定双方当事人有权向审理案件的法院提交和相互送交论证自己请求实质和反驳意见的补充文件,该期限应该不少于有关裁定作出之日起的30日。上述文件不得援引未在本条第2款规定期限内提交的证据。提交证据和反驳意见的截止日期与提交其他文件的截止日期之间的间隔不得少于15日。

4. 如果法院在对案件作出判决之前,在上述规定期限届满之后收到证据和其他文件,逾期提交的只要存在正当理由,则法院应接受这些证据和文件。

5. 在法院依照本条第3款规定的期限届满之后,法院通过简易程序审理案件时不必传唤当事人。

法院审查双方当事人所提交文件中的解释、反驳意见和(或)理由,并根据在上述期限内提交的证据作出判决。

6. 在通过简易程序审理案件时,不适用制作笔录和推迟审理的规定,对依照简易程序审理的案件,也不进行预备庭。

第 232-4 条　简易程序案件的判决

1. 对简易程序审理的案件,法院采取作出判决结论部分的办法进行判决,判决的副本最迟应在作出后并上传到法院官网之日起的 2 日内发给案件参加人。

2. 根据案件参加人、他们的代理人的申请或者对简易程序案件提出上诉或抗诉,法院应制作说明理由的判决。

3. 要求制作说明理由的法院判决的申请,可以在简易程序案件判决的结论部分签字之日起的 5 日内提出。在这种情况下,判决应依照本法典第十六章的规则作出,但本条有特别规定的除外。

4. 说明理由的法院判决应在案件参加人、其代理人提出相应申请书之日或递交上诉状之日起的 10 日内制作。

5. 法院对简易程序案件的判决,自作出之日起的 15 日后生效,但提出上诉或抗诉的情形除外。

6. 在制作说明理由的判决书的情况下,上述判决在本条第 8 款规定的上诉期届满之后生效。

7. 在上诉的情况下,如果判决未被撤销或者没有改判,则自上诉审法院作出裁定之日起生效。

8. 通过简易程序案件审理结果作出的判决,可以在作出之日起的 15 日内向上诉审法院提出上诉,而如果是根据案件参加人、其代理的申请制作说明理由的判决,则自作出最后形式的判决之日起的 15 日内提出上诉。

第二十二章 缺席审判

第 233 条 缺席审判的理由

1. 如果被告人已经收到开庭时间和地点的通知而不到庭,不说明不到庭的正当原因,又未请求在他缺席的情况下审理案件,则案件可以按照缺席审判程序进行审理。关于缺席审判的事宜,法院应作出裁定。

2. 如果案件有几名被告人,只有在所有被告人均未到庭时案件才能按照缺席审判程序进行审理。

3. 如果到庭的原告人不同意在被告人不到庭的情况下按照缺席审理程序进行审理,则法院应推迟案件的审理,并将重新开庭的时间和地点通知被告人。

4. 如果原告人变更诉讼标的或诉讼理由、增加诉讼请求的数额,则法院无权按照缺席审判程序在该审判庭审理案件。

第 234 条 缺席审判的程序

在按照缺席审判程序审理案件时,法院应按一般程序开庭,审查案件参加人提交的证据,考虑他们的意见并作出判决。这种判决称为缺席判决。

第 235 条 法院缺席判决的内容

1. 法院缺席判决的内容和制作程序依本法典第 198 条和第 189 条的规则。

2. 在法院缺席判决的结论部分应该说明提出要求撤销该判决的申请的程序和期限。

第 236 条 法院缺席判决副本的寄送

1. 法院缺席判决的副本应在作出判决之日起的 3 日内连同送达通知一并寄送给被告人。

2. 如果原告人未出庭而要求法院在其缺席的情况下审理案件,则缺席判决的副本应在作出判决之日起的 3 日内连同送达通知一并寄送给原告人。

第 237 条　对法院缺席判决的上诉

1. 被告人有权在送达缺席判决之日起的 7 日内向作出缺席判决的法院递交撤销该判决的申请。

2. 被告人可以在法院作出驳回要求撤销缺席判决的申请的裁定之日起的 1 个月内通过上诉程序对法院缺席判决提出上诉。

案件其他参加人,以及被追加到案的和法院判决涉及其权利和义务的其他人,也可以在被告人递交要求撤销缺席判决申请期限届满之日起的 1 个月内通过上诉程序对法院的缺席判决进行上诉,而递交了要求撤销缺席判决的申请的,则在法院作出驳回该申请之日起的 1 个月内提出上诉。

第 238 条　要求撤销法院缺席判决的申请书的内容

1. 要求撤销法院缺席判决的申请书的内容如下:

(1)作出缺席判决的法院的名称;

(2)申请人的姓名(名称);

(3)证明被告人未到庭和他无法及时通知法院的正当理由的情况,证明这些情况的证据,以及可能影响法院判决内容的情况和证据;

(4)申请人的请求;

(5)所附材料的清单。

2. 要求撤销法院缺席判决的申请书应由被告人签字,或者在其代理人有权签字时由其代理人签字,申请书连同按案件参加人的人数制作的副本一并送交法院。

3. 要求撤销法院缺席判决的申请免交国家规费。

第 239 条　法院在受理要求撤销缺席判决后的行为

法院应将审理要求撤销法院缺席判决的申请的时间和地点通知案件参加人,向他们送交申请书的副本和所附材料的复印件。

第 240 条　要求撤销法院缺席判决申请的审理

对要求撤销缺席判决的申请,法院应在收到之日起的 10 日内开庭审理。案件参加人收到关于开庭时间和地点通知而不到庭,不妨碍申请的审理。

第 241 条　法院的权限

法院在审理要求撤销法院缺席判决的申请后,作出关于驳回或满足申请的裁定,或作出撤销法院缺席判决并将由组成人员相同或组成人员不同的法庭对案件重新进行实体审理的裁定。

第 242 条　撤销法院缺席判决的根据

如果法院确定,被告人不到庭系出于正当原因,而他又无法将原因及时通知法院,被告人提出可能影响判决内容的情况和证据,则法院缺席判决应该予以撤销。

第 243 条　案件重新审理

如果法院缺席判决被撤销,法院应重新对案件进行实体审理。如果以适当方式将开庭的时间和地点通知了被告人,而被告人仍不到庭,则重新审理作出的法院判决不是缺席判决。被告人无权再次递交要求按照缺席审判程序再审该判决的申请。

第 244 条　法院缺席判决的法律效力

1. 法院的缺席判决,如果对它没有提出上诉,则在本法典第 237 条第 2 款规定的上诉期届满后发生法律效力。

如果被告人依照本法典第 237 条第 1 款规定的程序提出要求撤销缺席判决的请求,而该请求被驳回,而又没有通过上诉程序提出上诉,则判决自上诉期限届满后发生法律效力,而如果通过上诉程序提出上诉,法院缺席判决并未被撤销,则在上诉审法院审理上诉后生效。

2. 如果截至被告人要求撤销法院缺席判决之时,缺席判决正在执行,则法院判决的执行可以由法院、判决执行人依照本法典第 326-2 条规定的程序中止执行,直至要求撤销法院缺席判决的申请审结。

第二十二·一章　侵犯在诉讼合理期限进行诉讼的权利或在合理期限执行法院裁判的权利的赔偿案件的审理程序

（自 2015 年 9 月 15 日起失效,本章由 2015 年 3 月 8 日第 23 号联邦法律删除）

第二十二·二章 根据俄罗斯联邦的国际条约要求返还儿童或实现儿童探视权申请的审理程序

第244-11条 根据俄罗斯联邦的国际条约要求返还儿童或实现儿童探视权申请的递交

1. 要求根据俄罗斯联邦的国际条约返还被非法移居到俄罗斯联邦的儿童或根据俄罗斯联邦的国际条约实现该儿童探视权的申请（下称返还儿童或实现儿童探视权的申请）应由父母或认为被告人侵犯了他的监护权或探视权的人向法院递交，或者由检察长向法院递交。

2. 要求返还儿童或实现儿童探视权的申请，儿童在中央联邦区内的，向莫斯科市特维尔区法院递交；儿童在西北联邦区内的，向圣彼得堡市捷尔仁斯基区法院递交；儿童在南部联邦区内的，向顿河上罗斯托夫市五一区法院递交；儿童在北高加索联邦区的，向皮亚季戈尔斯克市法院递交；儿童在伏尔加联邦区内的，向尼日尼诺夫哥罗德市卡纳文斯基区法院递交；儿童在乌拉尔联邦区内的，向叶卡捷林堡市铁路区法院递交；儿童在西伯利亚联邦区的，向新西伯利亚市中区法院递交；儿童在远东联邦区的，向哈巴罗夫斯克市中区法院递交。

3. 如果儿童在俄罗斯联邦下落不明，则要求返还儿童或实现儿童探视权的申请，依本条第2款的规定，向儿童在俄罗斯联邦的最后已知居住地或被告人在俄罗斯联邦的最后居住地的相关法院提出。

4. 如果儿童居留地发生变更，则要求返还儿童或实现儿童探视权的申请应该由依照本条的管辖规则受理申请的法院审理。

5. 在要求返还儿童或实现儿童探视权的申请书中应该指出，相应请求的提出应根据俄罗斯联邦的国际条约提出。

第 244-12 条　要求返还儿童或实现儿童探视权的申请的审理程序

根据俄罗斯联邦的国际条约要求返还儿童或实现儿童探视权的申请(下称要求返还儿童或实现儿童探视权的申请)依照诉讼的一般规则进行审理和解决,同时要考虑俄罗斯联邦国际条约的特别规定。

第 244-13 条　诉讼保全

在必要时,除依照本法典第十三章规定的诉讼保全措施外,法院还可以禁止被告人在要求返还儿童或实现儿童探视权案件的法院判决生效以前变更儿童的居留地以及临时限制儿童离开俄罗斯联邦。

第 244-14 条　不允许合并诉讼请求和提起反诉

除原告人合并依照俄罗斯联邦的国际条约要求返还两个以上非法居留在俄罗斯联邦的儿童或对两个以上儿童实现探视的请求外,不允许合并几个诉讼请求,也不允许对要求返还儿童或实现儿童探视权的请求提出反诉。

第 244-15 条　要求返还儿童或实现儿童探视权申请的审理

1. 检察长和监护人及保护机关必须参加要求返还儿童或实现儿童探视权申请的审理。

2. 参加要求返还儿童或实现儿童探视权的申请由法院在收到申请书之日起的 2 日内审理,包括准备案件法庭审理和制作说明理由的判决书的时间。

第 244-16 条　要求返还儿童或实现儿童探视权案件的法院判决

1. 对关于根据俄罗斯联邦的国际条约要求返还非法移居俄罗斯联邦或滞留在俄罗斯联邦的儿童的案件,法院判决应该符合本法典第十六章的要求,应该论证依照俄罗斯联邦的国际条约将儿童返还其常住地国的必要性和说明返还的程序,还要指出法院诉讼费和依照俄罗斯的国际条约将儿童返还其常住地国所发生的费用如何分摊,或者论证依照俄罗斯联邦的国际条约驳回将儿童返还其常住地国的理由,并指出诉讼费用如何分摊。

2. 法院对根据俄罗斯联邦的国际条约要求实现对非法移居俄罗斯联邦或滞留在俄罗斯联邦的儿童探视权案件的判决应该符合本法典第十六章规定的要求,应该论证依照俄罗斯联邦的国际条约原告人实现探视权的理由,说明诉讼费用如何分摊,或者论证依照俄罗斯联邦的国际条约驳回要求实现探视权的请求的理由,并指出诉讼费用如何分摊。

第 244-17 条　对返还儿童或实现儿童探视权案件的法院判决提出上诉、抗诉的期限和上诉审法院审理案件的期限

1. 对要求返还儿童或实现儿童探视权案件的法院判决,可以依照本法典第三十九章的规则在作出最终形式判决之日起的 10 日内提出上诉或抗诉。

2. 要求返还儿童或实现儿童探视权案件的上诉或抗诉应在上诉审法院收到上诉状或抗诉书之日起的 1 个月内依照本法典第三十九章的规则进行审理。

第 244-18 条　在要求返还儿童或实现儿童探视权案件中对第一审法院裁定的申诉和检察长的抗诉

1. 在要求返还儿童或实现儿童探视权案件中对第一审法院裁定,双方当事人和案件其他参加人可以提出申诉,检察长可以提出抗诉,期限为第一审法院依照本法典第三十九章作出裁定之日起的 10 日内。

2. 本条第 1 款所列申诉和抗诉,最迟应在案件移送上诉审法院之日起的 10 日内依照本法典第 333 条进行审理。

第 244-19 条　法院裁决副本的寄送

1. 法院关于拒绝受理、退回、搁置要求返还儿童或实现儿童探视权的请求的裁定的副本,对要求返还儿童或实现儿童探视权案件的不予审理、中止、恢复或终止案件的裁定书的副本,上诉审法院就对第一审法院的上诉裁定的申诉或抗诉所作出的裁定书的副本,应在作出相关裁定的次日送交俄罗斯联邦指定的保证履行俄罗斯联邦国际条约义务的中央机关(本条中下称中央机关),如果作出裁定的法院知悉哪个法院在办理有关该儿童争议的案件,则裁定书的副本还要寄送给该法院。

2. 本法典第 134 条、第 135 条第 2 款、第 136 条第 1 款规定的法院对要求返还儿童或实现儿童探视权申请所作出的裁定的副本,至迟应在相关裁定作出的次日交给申请人或寄送给申请人。

3. 要求返还儿童或实现儿童探视权案件中,如果案件参加人没有出庭,则依照本法典第 227 条所规定的法院裁定的副本,应在相关裁定作出的次日寄送给案件参加人。

4. 要求返还儿童或实现儿童探视权案件的法院判决应在法院判决的副本作出的次日以最终形式发送给未出庭的案件参加人和中央机关,如果依照本法典第 201 条对该案件作出补充判决,则补充判决的副本也应在补充判决作出的次日发送给案件参加人和中央机关。

5. 在上诉期届满后,如果对要求返还儿童或实现儿童探视权案件的法院判决未提出上诉或抗诉,则已经生效的法院判决的副本应送交中央机关,如果作出判决的法院知悉是哪个法院中止儿童争议案件的诉讼,则判决的副本还要发给该法院。

6. 返还儿童或实现儿童探视权案件的上诉审裁定的副本应在作出之日起的 3 日内发送给中央机关,如果作出裁定的法院知悉办理儿童争议案件的第一审法院或第二审法院,还要将上诉审裁定的副本发送给这些法院。

7. 返还儿童或实现儿童探视权案件中解释法院判决的裁定书的副本最迟应在作出裁定的次日发送给未出庭的案件参加人和中央机关。

第二十二·三章 维护集团权利和合法利益案件的审理

第 244-20 条 向法院要求维护集团权利和合法利益请求的权利

1. 在同时具备下列条件的情况下,公民或组织有权请求法院维护集团的权利和合法利益:

(1)集团的每个成员都有相同的被告人;

(2)争议标的是集团成员共同的或同类的权利和合法利益;

(3)存在相似的事实情节说明集团成员的权利和被告人的义务;

(4)集团全体成员采取相同的方式维护自己的权利。

2. 本章中的集团成员是指符合本条第 1 款所列条件总和的公民或组织,而不论他们是否附和提出维护集团权利和合法利益的请求。

3. 只有作为集团成员的公民和组织可以提出维护集团权利和合法利益的请求。

4. 在联邦法律规定的情况下,为了维护集团的权利和合法利益,也可以由不是该集团成员的机关、组织和公民提出请求。

5. 如果在本条第 3 款和第 4 款所列人员向法院提出请求之前,有 20 名以上集团成员附和维护该集团权利和合法利益的请求,则允许按照本章的规则审理维护集团权利和合法利益的案件。

6. 集团成员以书面形式向本条第 3 款和第 4 款所列人员提交附和要求维护该集团权利和合法利益的请求而附和维护该集团权利和合法利益的请求,如果在法院受理维护集团权利和合法利益的起诉状之后集团成员才附和请求,则可以直接向法院提出。在进行法庭辩论之前,都可以附和维护集团权利和合法利益的请求。这种附和还可以通过填写法院官网上的或俄罗斯联邦国家"司法"自动化系统上的表格进行。

第 244-21 条　对维护集团权利和合法利益的起诉状的要求

1. 为维护集团权利和合法利益而递交的起诉状,应该符合本法典第131 条规定的要求。为维护集团权利和合法利益而递交的起诉状,还应该指出:

（1）提出维护集团权利和合法利益的请求所要维护的集团权利和合法利益;

（2）集团成员的人群范围,成为集团的根据是什么;

（3）附和维护集团权利和合法利益请求的人员姓名、其住所地或居留地、出生日期和地点、工作地点和个体经营者的国家注册地（如果有的话）,而如果附和维护集团权利和合法利益请求的还有组织,应指出其名称和地址。

2. 起诉状应附具本法典第 132 条规定的文件,以及证明本条第 1 款第 3项所列人员附和维护集团权利和合法利益请求的文件,还有证明他们属于集团的文件。

3. 集团成员以外的机关、组织或公民递交的维护集团权利和合法利益的起诉状应该援引规定集团成员外的机关、组织或公民向法院请求维护集团权利和合法利益的权利的联邦法律,还应该指出,集团成员的利益具体是什么,他们的哪些权利受到侵犯。

第 244-22 条　维护集团权利和合法利益案件的办理

1. 维护集团权利和合法利益的起诉状应该指出委托谁办理相应的维护集团利益有民事案件（本条中下称集团利益案件办案人）。

集团利益案件的办案人应该是该集团成员,但本法典第 244-20 条第 4 款规定的情形除外。

集团利益案件的办案人以集团的名义根据本法典第 244-20 条第 6 款所列附和维护集团权利和合法利益请求的申请进行工作,而无须委托书。

2. 如果关于实现集团权利和履行义务的协议或本法典第 244-27 条未有不同规定,维护集团权利和合法利益案件的办案人,享有原告人的全部诉讼权利和原告人的全部诉讼义务,包括交纳诉讼费的义务。该人必须自愿维护集团的权利和合法利益。如果集团协议没有不同规定,集团利益案件办案人有权委托代理人办理案件。

3. 如果集团利益案件办案人滥用自己的诉讼权利或不履行自己的诉讼义务,不论他是否委托代理人办案,法院均有权对集团利益案件的办案人处以诉讼罚金。罚金可以依照本法典第八章规定的程序的数额科处。

4. 在下列情况下,法院终止集团利益案件办案人的权限:

(1)集团利益案件办案人放弃诉讼请求;

(2)如果发现集团利益案件办案人由于疾病、休假、学习或出差长期不在,或者有理由怀疑集团利益案件办案人为了集团的利益合理而善意地办理案件,可根据维护集团权利和合法利益请求的多数附和人的要求终止。

第 244-23 条　维护集团权利和合法利益请求附和人的权利

1. 维护集团权利和合法利益请求附和人有权:

(1)了解案件材料,对材料进行摘抄、复印;

(2)向法院申请更换集团利益案件办案人,包括在法院对案件作出结案的实体判决以后;

(3)有权出庭,包括参加闭门审判;

(4)放弃他所提交的关于附和维护集团权利和合法利益请求的申请。

2. 集团成员不同意已经提出的维护集团权利和合法利益请求的,有权作为对争议标的不提出独立请求的第三人参加案件。

第 244-24 条　集团利益案件办案人的更换

1. 依照本法典第 244-22 条规定的理由终止集团利益案件办案人的权限时,允许更换集团利益案件办案人。

2. 法院收到集团利益案件办案人放弃诉讼的申请时,法院应作出推迟法庭审理的裁定,并规定从作出裁定起不超过 2 个月的期限以便更换集团利益案件办案人。

3. 在推迟法庭审理的裁定中,法院应指出集团利益案件办案人的义务:通知维护集团权利和合法利益请求的附和人,并考虑本法典第 244-26 条的规定决定通知的形式。通知还应该指出集团利益案件办案人必须更换成另一人以及本条第 7 款规定的后果。放弃诉讼通知的证据由集团利益案件办案人向法院提交。

4. 在法院裁定规定的期限内,应该向法院提交证明集团利益案件办案人已经替换的证据。

5. 如果截至裁定规定的期限届满之时法院尚未掌握通知维护集团权利和合法利益附和人和更换集团利益案件办案人的材料,则法院不接受诉讼的放弃。

6. 关于终止对集团利益案件办案人的诉讼和更换其他集团利益案件办案人,法院应作出裁定。

7. 如果集团利益案件办案人在递交了放弃诉讼的申请后,实施了一定必要行为去通知维护集团权利和合法利益请求附和人,而上述附和人在法院规定的期限内并未更换集团利益案件办案人,则法院接受诉讼的放弃并依照本法典第 221 条规定的程序终止维护集团权利和合法利益案件的诉讼。终止维护集团权利和合法利益案件的诉讼不剥夺该集团成员依照本法典规定的程序向法院提出请求维护自己受到侵犯的或被提出异议的权利和合法利益。

8. 如果维护集团权利和合法利益请求的大多数人附和要求依照本法典第 244-22 条规定的根据更换集团利益案件办案人,则请求书中应提出替代的候选人。如果满足这一请求,法院应更换集团利益案件办案人并作出相应的裁定。

第 224-25 条　维护集团权利和合法利益案件的审理程序

1. 维护集团权利和合法利益案件由法院依照本法典的规则审理,并考虑本章的特别规定。

2. 维护集团权利和合法利益案件由法院在作出受理诉状之日起的 8 个月期限内审理,该期限包括准备案件法庭审理的作出判决的时间。

3. 如果向法院提出请求的是集团成员,但未附和维护该集团权利和合法利益的请求,而是对相同被告人、相同标的提出独立诉讼请求(本款中下称独立请求人),则法院应向他说明他依照本法典第 244-20 条规定的程序附和维护集团权利和合法利益的请求。

4. 如果独立请求人附和维护集团权利和合法利益的请求,则法院作出该人附和集团上述请求的裁定。同时,接受该人请求的法院要作出裁定,将案件材料移送到审理维护集团权利和合法利益案件的法院。维护集团权利和合法利益案件的被告人必须通知法院在其他法院对该被告人是否存在相同标的的案件,以及案件审理到了什么阶段。

5. 如果提出独立诉讼请求的人不利用附和维护集团权利和合法利益请求的权利,则法院中止该人的案件,直至维护集团权利和合法利益案件的法院判决生效之时。

6. 即使维护集团权利和合法利益的诉讼请求在提出独立诉讼请求的人向法院提出请求之后才提出,提出独立请求的人的案件诉讼亦应中止。

第 244-26 条　准备维护集团权利和合法利益案件的法庭审理

1. 在准备维护集团权利和合法利益案件的法庭审理时,法官应该:

（1）确定有争议的法律关系的性质和应该适用的立法；

（2）查明维护集团权利和合法利益的请求和这些请求的根据；

（3）解决集团组成人员和是否有可能确定其他人是有争议法律关系的参加人；

（4）建议提交证据证明具体人属于该集团；

（5）建议维护集团权利和合法利益请求的附和人订立集团协议（本法典第244-27条）或附和原来已经签订的此种协议；

（6）实施本法典第150条规定的其他行为。

2. 在准备案件法庭审理的裁定中，法院规定集团利益案件办案人应该建议该集团其他人附和维护集团权利和合法利益请求的期限。

3. 对该集团其他人附和维护集团权利和合法利益请求的建议应该通过在大众信息媒体发布公告的形式公开作出，也可以在法院官网或俄罗斯联邦国家司法自动化系统上公布。

4. 根据集团利益案件办案人的申请，法院可以调取能够确定集团其他成员及其地址的信息，以便向他们提出附和维护集团权利和合法利益的请求。

5. 关于附和维护集团权利和合法利益请求的建议应该包括以下内容：

（1）被告人的名称和地址；

（2）向法院提出维护集团权利和合法利益请求的人和（或）集团利益案件办案人的姓名或名称；

（3）集团的请求；

（4）办理案件的法院的名称、案件号；

（5）法院规定一个期限，在该期限中集团其他成员可以通过向法院和（或）集团利益案件办案人发出附和申请从而附和法院正在审理的维护集团权利和合法利益请求；

（6）法院规定的其他信息。

6. 集团利益案件办案人在终结案件法庭审理准备之前应通知法院本法典第244-21条第3款规定的维护集团权利和合法利益的其他附和人的信息，以及提交证明上述人附和该请求和他们属于该集团的文件。

7. 如果在法院规定的期限内集团利益案件办案人未依照本条第3款建议集团其他人附和维护集团权利和合法利益的请求，则法院搁置起诉状。

8. 维护集团权利和合法利益案件必须进行预备庭。在依照本法典第152条进行的预备庭，法官解决集团是否符合本法典第244-20条第1款所列条件。应向维护集团权利和合法利益请求的附和人说明在集团不符合上述条件时他们有权向法院提出独立请求。

第 244-27 条　维护集团权利和合法利益案件诉讼费的负担办法

1. 集团利益案件办案人和(或)附和维护集团权利和合法利益请求的人有权签订公证协议,规定协议各方承担诉讼费(集团协议)的办法。变更或解除集团协议的请求只能向审理维护集团权利和合法利益案件的法院提出。

2. 在集团签订本条第 1 款所列协议的情况下,在依照本法典第七章分摊诉讼费用后,法院解决由维护集团权利和合法利益请求的附和人依照他们所签订的协议分摊诉讼费用的问题,或者对维护集团和合法利益案件作出有利于集团的情况下,解决维护集团权利和合法利益请求的附和人已经依照该协议承担的诉讼费用的分摊问题。

第 244-28 条　维护集团权利和合法利益案件的法院判决

1. 对维护集团权利和合法利益案件,依照本法典第十六章的规则作出判决。

2. 法院对以前审理的维护集团权利和合法利益案件所作的判决确认的情节,在根据该集团成员的请求审理另一维护集团权利和合法利益案件时,如果该成员以前未附和也未拒绝对同一被告人、相同标的提出的维护集团权利和合法利益的请求,则在法院审理根据该集团成员请求提起的另一案件时不再进行证明,但该集团成员对上述情况存在争议的情况除外。

3. 在维护集团权利和合法利益案件中,集团胜诉的,法院可以责成被告人在法院规定的期限内将法院判决的信息通过大众信息媒体或以其他方式通知集团的所有成员。

4. 维护集团权利和合法利益案件判决的结论部分,应该包含对附和维护集团权利和合法利益请求的每个集团成员的结论。

第二编　第一审法院的诉讼程序·第三分编　公共法律关系案件的审理程序

（本分编由 2015 年 3 月 8 日第 23 号联邦法律删除,自 2015 年 9 月 15 日起失效）

第二十七章 一般规定

第262条 法院通过特别程序审理的案件

1. 法院依照特别程序审理下列案件：

（1）认定法律事实的案件；

（2）认定收养子女的案件；

（3）认定公民失踪或宣告公民死亡的案件；

（4）限制公民行为能力的案件，认定公民无行为能力的案件，限制或剥夺年满14岁不满18岁的未成年人独立处分自己收入权利的案件；

（5）宣告未成年人具有完全行为能力的案件；

（6）认定动产为无主财产和认定自治地方对无主不动产所有权的案件；

（7）恢复对遗失的无记名有价证券或凭证式有价证券权利的案件（公示催告程序）；

（8）（失效）

（本项由2013年11月25日第317号联邦法律删除）

（9）对户籍登记进行更正或变更的案件；

（10）关于已实施公证行为和关于拒绝实施公证行为的申请案件；

（11）要求恢复已终止司法程序的申请案件。

2. 联邦法律可以规定其他案件通过特别程序进行审理。

第263条 法院通过特别程序审理和解决案件的程序

1. 对特别程序案件，法院应按照诉讼程序的一般规则，并遵守本章和本法典第二十八章至第三十八章的特别规定进行审理和解决。

2. 法院审理特别程序案件时,应有申请人和其他利害关系人参加。

3. 如果在提出申请时或审理特别程序案件时存在权利争议,法院应作出搁置申请的裁定,裁定应向申请人和其他利害关系人说明他们依照诉讼程序解决争议的权利。

第二十八章 认定法律事实

第 264 条 认定法律事实的案件

1. 法院认定据以发生、变更、终止公民、组织的人身权或财产权的事实。

2. 法院审理认定以下事实的案件：

（1）亲属关系；

（2）供养的事实；

（3）出生、收养、婚姻、离婚、死亡登记的事实；

（4）认定父亲身份的事实；

（5）当文件上的姓名与身份证或出生证上的姓名不符时确定权利文件（军人证、身份证和户籍机关颁发的证明书除外）属于该人的事实；

（6）不动产占有和使用的事实；

（7）不幸意外事故的事实；

（8）当户籍机关拒绝死亡登记时认定在一定时间和一定情况下死亡的事实；

（9）接受遗产和继承开始地的事实；

（10）其他具有法律意义的事实。

第 265 条 认定法律事实的必要条件

只有在申请人不可能通过其他程序取得证明这些事实的适当文件时，或者在不可能恢复遗失的文件时，法院才对法律事实予以认定。

第 266 条 要求认定法律事实的申请的提出

关于认定法律事实的申请，应在申请人住所地的法院提出，但关于认定不动产占有和使用事实的申请除外，此种申请应向不动产所在地的法院提出。

第 267 条　要求认定法律事实的申请书的内容

　　要求认定具有法律意义事实的申请书应该指出,申请人为了什么目的必须认定该事实,还应该提出证明申请人不可能取得适当文件或不可能恢复遗失的文件的证据。

第 268 条　对要求认定法律事实的申请的法院判决

　　对要求认定法律事实的申请的法院判决是证明法律事实的文件,而对于应该进行登记的事实,法院判决则是进行登记的根据,但不能代替登记机关颁发的文件。

第二十九章　收养

第 269 条　收养申请的提出

1. 收养申请书由希望收养子女的俄罗斯联邦公民向住所地或被收养人所在地的法院提出。

2. 常住俄罗斯联邦境外的俄罗斯联邦公民、外国公民或无国籍人，希望收养俄罗斯联邦公民的，应该向被收养人住所地或所在地的共和国最高法院、边疆区法院、州法院、联邦直辖市法院、自治州法院和自治专区法院提出申请。

第 270 条　收养申请书的内容

收养申请书应该指出：

1. 收养人的姓名和住所地。

2. 被收养人的姓名和出生日期，他的住所地或所在地，被收养人父母、有无兄弟姐妹的情况。

3. 说明收养人收养请求所根据的情况以及证明这些情况的文件。

4. 关于变更被收养人姓名、出生地以及出生日期（在收养不满周岁的婴儿时）以及关于在户籍出生登记中将收养人登记为被收养人父母的请求。

第 271 条　收养申请书应附具的文件

1. 收养申请书应附具以下文件：

（1）在没有配偶的人收养子女时应附具收养人出生证明的复印件。

（2）在有配偶的人收养子女时应附具收养人婚姻证明书的复印件。

（3）在夫妻一方收养子女时应附具其配偶同意收养或证明夫妻已经终止家庭关系或分居一年以上的文件。如果申请书不可能附具有关文件，则申请书应该提出证明这些事实的证据。

（4）收养人健康状况的诊断书。

（5）收养人工作单位关于收养人所担任职务和工资收入的证明，或者收养人收入申报单或其他证明收入的文件。

（6）证明住房使用权或住房所有权的文件。

（7）公民作为候选收养人的登记证明。

（8）证明希望收养无父母监护儿童的人参加过培训的文件，但儿童的继父、继母、近亲属、现在或过去是收养人而收养关系没有被撤销的人以及现在或过去是儿童的监护人、保护人而其职责并未终止的人提出申请的情形除外。

1-1. 继父或继母收养子女的申请，如果他们是常住俄罗斯联邦境内的俄罗斯联邦公民，应该附具本条第1款第2项至第4项和第6项规定的文件。

1-2. 属于俄罗斯联邦土著少数民族，保持游牧和（或）半游牧生活方式、没有经常居住地或主要居住地的公民，收养属于俄罗斯联邦土著少数民族儿童的申请，应该附具本条第1款第1项至第5项、第7项和第8项所列文件，以及附具由相应地方自治区的地方自治机关出具的证明该公民游牧和（或）半游牧生活方式的文件，还有证明这些公民在游牧路线经过的地方自治区内一个镇（根据这些公民的选择）、按照该镇地方行政机构地址并考虑俄罗斯联邦政府批准的俄罗斯土著少数民族传统居住地和传统经营活动所在地名单的进行居住地登记的文件。

2. 常住俄罗斯联邦境外的俄罗斯联邦公民、外国公民或无国籍人要求收养俄罗斯联邦公民的申请书应附具本条第1款所列文件，还应附具收养人国籍所在国（有无国籍人收养子女时则为其常住地国）主管机关出具的关于其生活条件和可能作为收养人的证明、有关国家主管机关准许被收养人入境和在该国常住的批准书。

3. 俄罗斯联邦公民收养外国公民的申请书应附具本条第1款所列文件，还应附具被收养人法定代理人和被收养人国籍所在国主管机关的同意，以及如果依照该国的法律规范和（或）俄罗斯联邦签署的国际条约需要时，还要附具被收养人本人的同意。

4. 收养人是外国公民的，其文件应该通过规定程序进行认证，在认证后再译成俄语，译文应进行公证。

5. 所有文件一式两份。

第 272 条　收养案件法庭审理的准备

1. 法院在准备审理收养案件时，应责成被收养人住所地或所在地的监护和保护机关向法院提出收养根据和收养符合被收养人利益的结论意见。

2. 监护和保护机关的结论意见附具以下文件：

（1）被收养人住所地或所在地或者收养人住所地或所在地的监护和保护机关对收养人生活条件的调查书；

（2）被收养人出生证；

（3）被收养人健康状况、身体发育和心理发育诊断书；

（4）10 岁以上的被收养人对收养、可以改变姓名和将收养人登记作为其父母的同意（但联邦法律不要求这种同意的情形除外）；

（5）被收养人父母对收养的同意，在被收养人未满 16 岁时，还要有其法定代理人的同意，在无法定代理人时，要有监护和保护机关的同意，但《俄罗斯联邦家庭法典》第 130 条规定的情形除外；

（6）被收养人没有父母的，要有其监护人（保护人）、义父母或安置机构领导人对收养的同意；

（7）收养人是常住俄罗斯联邦境外的俄罗斯联邦公民、外国公民或无国籍人而且不是被收养人亲属的，需要附具证明在国家资料库存有被收养人信息资料的文件，以及证明不可能将儿童交给俄罗斯联邦公民家庭收养或交给无论国籍和住所地何在的其亲属收养的文件。

3. 必要时法院可以要求提交其他文件。

第 273 条　收养申请的审理

收养申请在不公开审判庭审理，收养人、监护和保护机关的代表、检察长、年满 14 岁的被收养人必须出庭，必要时父母、其他利害关系人和年满 10 岁不满 14 岁的被收养人本人也应出庭。

第 274 条　对收养申请的法院判决

1. 法院在审理收养申请后作出判决满足收养请求或驳回收养请求。在满足收养请求时，法院应认定儿童被具体人（1 人或 2 人）收养，并在法院判决中列出在户籍机关进行收养登记时所必需的关于被收养人和收养人的信息资料。

法院在满足收养请求后，可以驳回收养人关于在被收养人户籍出生登记中将他们登记为父母的请求以及变更被收养人出生日期和地点的请求。

2. 法院在满足收养请求时，收养人和被收养人的权利和义务自法院收养判决发生法律效力之日起确立。

2-1. 对满足收养请求的法院判决，可以在法院作出终审判决之日起的 10 日内提出申诉。

3. 法院收养判决的副本应在发生法律效力之日起的 3 日内送交作出法院判决地的户籍机关,以便进行被收养事项的国家登记。

第 275 条 收养的撤销

关于撤销收养的案件按照诉讼程序规则进行审理和解决。

第三十章　认定公民失踪和宣告公民死亡

第 276 条　要求认定公民失踪或宣告公民死亡的申请的提出

要求认定公民失踪或认定公民死亡的申请应向利害关系人住所地或所在地的法院提出。

第 277 条　认定公民失踪或宣告公民死亡的申请书的内容

要求认定公民失踪或宣告公民死亡的申请书应该指出申请人为了什么目的必须认定公民失踪或宣告公民死亡，还应该叙述证明公民失踪的情况或失踪人有死亡威胁的情况或者有理由推定公民死于不幸意外事故的情况。对于因参加军事行动而失踪的军人或其他公民，申请书还应该指出军事行动结束的日期。

第 278 条　法官在受理认定公民失踪或宣告公民死亡的申请后的行为

1. 法官在准备案件的法庭审理时应该查明，谁可能提供失踪人的情况，并向失踪公民最后已知住所地、工作地点的有关组织、内务机关、法警局、部队询问失踪人的情况。

2. 在受理认定公民失踪或宣告公民死亡的申请后，法官可以建议监护和保护机关指定该公民财产的委托管理人。

3. 认定公民失踪或宣告公民死亡的案件应在检察长出庭的情况下进行审理。

第 279 条　对要求认定公民失踪或宣告公民死亡的申请的法院判决

1. 在必须对被认定失踪的公民财产进行经常性管理时，关于认定公民失踪的法院判决是将该公民财产交付于监护保护机关签订了财产委托管理合同的人的根据。

2. 宣告公民死亡的法院判决是户籍机关将公民死亡记入国家户籍登记簿的根据。

第 280 条　被认定失踪或被宣告死亡的公民重新出现或被发现的后果

　　如果被认定失踪或被宣告死亡的公民重新出现或被发现,法院应作出新的判决撤销原判决。新的法院判决分别是撤销公民财产委托管理和在国家户籍登记簿上注销死亡记载的根据。

第三十一章 限制公民行为能力,认定公民无行为能力,限制或剥夺年满 14 岁不满 18 岁的未成年人独立处分自己收入的权利

第 281 条 要求限制公民行为能力,认定公民无行为能力,限制或剥夺年满 14 岁不满 18 岁的未成年人独立处分自己收入权利的申请的提出

1. 关于认定公民因酗酒或滥用麻醉品而限制其行为能力的案件,可以根据其家庭成员、监护和保护机关、提供精神病学帮助的医疗机构的申请提起。

2. 关于认定公民由于精神病而无行为能力的案件,可以根据其家庭成员、近亲属(无论是否与其共同居住的父母、子女、兄弟、姐妹)、监护和保护机关、提供精神病学帮助的医疗机构或精神病患者社会服务住院机构的申请在法院提起。

3. 关于限制或剥夺年满 14 岁不满 18 岁的未成年人独立处分自己工资、奖学金或其他收入的权利的案件,可以根据父母、收养人或监护和保护机关的申请提起。

4. 要求限制公民行为能力、认定公民无行为能力、限制或剥夺年满 14 岁不满 18 岁的未成年人独立处分自己收入的申请向该公民住所地的法院提出,而如果公民已被安置到提供精神病学帮助的住院医疗机构或精神病患者社会服务住院机构,则向该机构所在地的法院提出。

第 282 条 要求限制公民行为能力,认定公民无行为能力,限制或剥夺年满 14 岁不满 18 岁的未成年人独立处分自己收入权利的申请书的内容

1. 要求限制公民行为能力的申请书应该叙述证明酗酒或滥用麻醉品的公民给家庭造成经济困难的情况。

2. 要求认定公民无行为能力的申请书应该叙述证明该公民患有精神病因而不能理解自己行为的意义或不能控制自己行为的情况。

3. 要求限制或剥夺年满 14 岁不满 18 岁的未成年人独立处分自己工资、奖学金或其他收入的权利的申请书应该叙述证明未成年人显然不能合理处分自己工资、奖学金或其他收入的情况。

第 283 条　为确定公民精神状态而指定鉴定

对认定公民无行为能力案件,法官在准备的法庭审理过程中,如果有足够的材料说明公民患有精神病,法官应指定司法精神病学鉴定,以便确定公民的精神状态。如果被提起案件的公民逃避鉴定,则法院在检察长和精神病医生参加下可以在审判庭作出对公民强制进行司法精神病学鉴定的裁定。

第 284 条　要求限制公民行为能力,认定公民无行为能力,限制或剥夺年满 14 岁不满 18 岁的未成年人独立处分自己工资、奖学金或其他收入权利的申请的审理

1. 法院审理要求限制公民行为能力,认定公民无行为能力,限制或剥夺年满 14 岁不满 18 岁的未成年人独立处分自己工资、奖学金或其他收入权利的申请时,公民本人、申请人、检察长、监护和保护机关的代表必须出庭。如果被申请认定无行为能力的公民出庭不会对本人的生命和健康或对周围人的生命或健康构成威胁,则他也应该被传唤到庭,以便法庭能够让他本人或通过他选择的代理人表述其立场。

如果在法院开庭审理认定公民无行为能力的案件时,该公民本人出庭会对他的生命和健康或对周围人的生命或健康构成威胁,则案件应在公民所在地,包括在提供精神病学帮助的医疗机构或精神病患者社会服务住院机构进行审理,公民本人参加。

2. 要求限制公民行为能力、认定公民无行为能力、限制或剥夺年满 14 岁不满 18 岁的未成年人独立处分自己工资、奖学金或其他收入权利的,申请人免交与审理申请有关的费用。法院如果确定申请人的行为出于非法限制或剥夺公民行为能力的非善意目的,则应向该人收取与审理申请有关的全部费用。

3. 被认定无行为能力的公民,有权亲自或通过他所选择的代理人依照上诉程序对法院判决提出上诉,要求依照本法典第四十二章的规则进行再审,如果第一审法院没有向该公民提供亲自或通过他所选择的代理人阐述自己的立场,还可以对法院的判决通过申诉程序或监督程序提出申诉。

第 285 条 对要求认定公民限制行为能力、认定公民无行为能力的申请的法院判决

1. 限制公民行为能力的法院判决是监护和保护机关对该公民设立保护的根据。

2. 认定公民无行为能力的法院判决是监护和保护机关对该公民设立监护的根据。

第 286 条 撤销对公民行为能力的限制和认定公民具有行为能力

1. 在《俄罗斯联邦民法典》第 30 条第 2 款规定的情况下,根据公民本人、他的代理人、其家庭成员、保护人、监护和保护机关、提供精神病学帮助的医疗住院机构或精神病患者法院应作出关于撤销对该公民行为能力的限制。依照法院判决撤销对他设立的保护。

2. 在《俄罗斯联邦民法典》第 29 条第 3 款规定的情况下,根据被认定无行为能力公民本人、他所选择的代理人、监护人、家庭成员、提供精神病学帮助的医疗住院机构或精神病患者社会服务住院机构、监护和保护机关的申请,并根据有关司法精神病学鉴定结论,法院应作出认定公民具有行为能力的判决。依照法院判决撤销对该公民设立的监护。

3. 要求认定公民具有行为能力的申请,法院应依照本法典第 284 条规定的程序审理。

第三十二章　宣告未成年人具有完全行为能力

第 287 条　要求宣告未成年人具有完全行为能力的申请的提出

1. 在《俄罗斯联邦民法典》第 27 条规定的情况下,年满 16 岁的未成年人可以向住所地的法院提出申请,要求宣告他具有完全行为能力。

2. 如果未成年人的父母(或父母一人)、收养人或保护人不同意宣告未成年人具有完全行为能力,法院亦应受理要求宣告未成年人具有完全行为能力的申请。

第 288 条　要求宣告未成年人具有完全行为能力的申请的审理

法院审理要求宣告未成年人具有完全行为能力的申请时,申请人、他的父母(或父母一人)、收养人、保护人以及监护和保护机关的代表、检察长应该出庭。

第 289 条　对要求宣告未成年人具有完全行为能力的申请的法院判决

1. 法院在对要求宣告未成年人具有完全行为能力的申请进行实体审理后,应作出判决,满足或驳回申请人请求。

2. 在申请得到满足时,年满 16 岁的未成年人自法院判决发生法律效力之日起被宣告具有完全行为能力(取得完全行为能力)。

第三十三章　认定动产为无主财产或认定无主不动产的所有权

第 290 条　要求认定动产为无主财产或认定无主不动产的所有权的申请的提出

1. 要求认定动产为无主财产的申请由动产占有人向申请人住所地或所在地的法院提出。

要求认定被联邦行政机关根据其权限收缴的动产为无主财产的申请应由物之所在地的财政机关向法院提出。

2. 要求认定无主不动产所有权的申请应由被授权管理自治地方财产或联邦直辖市莫斯科市、圣彼得堡市或塞瓦斯托波尔市所有财产的机关向不动产所在地的法院提出。

如果被授权管理有关财产的机关在自国家不动产权利登记机关接受不动产登记之日起的一年期限届满之前向法院提出申请,则法官应拒绝受理申请并终止案件的诉讼程序。

第 291 条　要求认定动产为无主财产或要求认定无主不动产所有权的申请书的内容

1. 要求认定动产为无主财产的申请书应该指出,何物应该被认定为无主财产,申请书应描述物的基本特征,并举出证明所有权人放弃对该物的所有权的证据以及证明申请人已经开始占有该物的证据。

2. 被授权管理自治地方财产或联邦直辖市莫斯科市、圣彼得堡市或塞瓦斯托波尔市所有财产的机关提出要求认定无主不动产的所有权的申请时,申请书中应该指出,不动产由何人于何时进行登记,还应该举出证明该不动产没有所有权人的证据。

第 292 条　要求认定动产为无主财产或要求认定无主不动产所有权的案件法庭审理的准备和进行

1. 法官在准备对案件进行法庭审理时应该查明,哪些人(所有权人、实际占有人和其他人)可能提供财产归属的信息资料,并向有关机关查询关于财产的资料。

2. 法院审理要求认定动产为无主财产或要求认定无主不动产所有权的申请时,利害关系人应该出庭。

第 293 条　对要求认定动产为无主财产或要求认定无主不动产所有权的申请的法院判决

1. 法院如果认定所有权人放弃动产所有权,则作出判决认定动产为无主财产并将动产交付占有人所有。

2. 法院如果认定不动产没有所有权人或者所有权人不明并且不动产已经按规定程序进行了登记,则作出判决认定自治地方对不动产的所有权或莫斯科市、圣彼得堡市或塞瓦斯托波尔市对该物的所有权。

第三十四章 遗失无记名有价证券或凭证式有价证券的权利的恢复（公示催告程序）

第294条 要求认定遗失无记名有价证券或凭证式有价证券无效和要求恢复有价证券之权利的申请的提出

1. 在联邦法律规定的情况下，遗失无记名有价证券或凭证式有价证券（在本章中下称凭证）的人可以请求法院认定无记名有价证券或凭证式有价证券无效和要求恢复有价证券之权利。

2. 在由于保管不善或其他原因而遗失付款凭证的情况下，所遗失凭证上的权利亦可以恢复。

3. 要求认定遗失的无记名有价证券或凭证式有价证券无效和恢复其权利的申请应向执行凭证的出票人所在地的法院提出。

第295条 要求认定无记名有价证券或凭证式有价证券无效和恢复其权利的申请书的内容

要求认定遗失的无记名有价证券或凭证式有价证券无效和恢复其权利的申请书应该指出所遗失有价证券的要件、出票人的名称，还要叙述遗失凭证的情况以及申请人关于禁止出票人根据凭证进行付款或交付的请求。

第296条 在受理要求认定遗失的无记名有价证券或凭证式有价证券无效和恢复其权利的申请后法官的行为

1. 法官在受理要求认定遗失的无记名有价证券或凭证式有价证券无效和恢复有价证券之权利的申请后，应作出关于禁止出票人根据凭证进行付款或交付的裁定，并将裁定的副本送交出票人、登记人。法院裁定还应指出在期刊上公布包含以下内容的信息，费用由申请人负担：

（1）受理关于遗失凭证申请的法院的名称；

（2）出票人的名称，出票人住所地或地址；

（3）凭证的名称和要件；

（4）向所遗失凭证的凭证持有人建议自公布之日起的 3 个月内向法院主张自己对该凭证之权利的建议。

2. 如果法院拒绝作出裁定，可以提出上诉。

第 297 条　凭证持有人的申请

已经声明遗失凭证的持有人必须在自公布本法典第 296 条第 1 款所列信息之日起的 3 个月内向作出裁定的法院提出申请，主张自己对凭证的权利并提交凭证原件。

第 298 条　法院在收到持有人申请后的行为

1. 在公布本法典第 296 条第 1 款所列信息之日起的 3 个月内，在收到凭证持有人的申请后，法院应搁置凭证遗失人的申请并规定禁止出票人根据凭证进行付款和交付的期限。该期限不得超过 2 个月。

2. 同时法官应向申请人说明他有权按照一般程序向凭证持有人提起要求该凭证的诉讼，而向凭证持有人说明他有权要求申请人赔偿已采取的禁止措施所造成的损失。

3. 对法院就本条问题所作出的裁定，可以提出上诉。

第 299 条　要求认定遗失的无记名有价证券或凭证式有价证券无效和恢复其权利的申请的审理

如果法院没有收到本法典第 297 条所列凭证持有人的申请，法院应在本法典第 296 条第 1 款所列信息公布之日起的 3 个月届满后审理认定遗失的无记名有价证券或凭证式有价证券无效和恢复其权利的案件。

第 300 条　对要求认定遗失的无记名有价证券或凭证式有价证券无效和恢复其权利的申请的法院判决

如果满足申请人的请求，法院应作出判决，认定所遗失凭证无效并恢复无记名有价证券或凭证式有价证券之权利。该法院判决是向申请人重新出票代替已被认定无效之凭证的根据。

第 301 条　凭证持有人提起关于财产不当取得或不当保管诉讼的权利

在法院认定凭证无效和恢复遗失无记名有价证券或凭证式有价证券之权利后，凭证持有人由于某种原因未主张自己对凭证之权利的，可以向被认定有权取得新凭证代替所遗失凭证的人提起财产不当取得或不当保管的诉讼。

第三十五章　将公民强制安置到精神病住院机构和强制进行精神病学检验

（本章由 2015 年 3 月 8 日第 23 号联邦法律删除，自 2015 年 9 月 15 日起失效）

第三十六章　更正或修改户籍登记错误案件的审理

第 307 条　要求更正或修改户籍登记错误申请的提出

1. 如果户籍机关在没有权利争议的情况下拒绝对户籍登记错误进行更正或修改,则法院审理对户籍登记进行更正或修改的案件。

2. 要求更正或修改户籍登记错误的申请应向申请人住所地的法院提出。

第 308 条　要求更正或修改户籍登记错误的申请书的内容

要求更正或修改户籍登记错误的申请书应该指出,户籍登记的错误是什么,哪个户籍机关何时拒绝对户籍登记错误进行更正或修改。

第 309 条　对要求更正或修改户籍登记错误的申请的法院判决

认定户籍登记错误的法院判决是户籍机关对户籍登记进行更正和修改的根据。

第三十七章　关于已实施公证行为或拒绝实施公证行为的申请的审理

第310条　关于已实施公证行为或拒绝实施公证行为的申请的提出

1. 利害关系人如果认为已实施的公证行为或拒绝实施公证行为是不正确的,有权向公证员所在地的法院或负责实施公证行为的公职人员所在地的法院提出有关申请。

关于联邦法律所列公职人员不正确认证遗嘱和委托书或拒绝进行认证的申请应向有关军队医院、普通医院、疗养院、其他住院治疗机构、社会服务住院机构,包括养老院和残疾人福利院、居民社会保障机构、勘探队、部队、兵团、军事机构和军事院校、剥夺自由场所等的所在地的法院提出。

关于悬挂俄罗斯联邦国旗的海洋船舶、河海混合航运船舶、内河航运船舶的船长认证遗嘱不正确或拒绝认证遗嘱的申请,应向船舶注册港的法院提出。

2. 申请应在申请人获悉已实施公证或拒绝实施公证行为之日起的10日内提出。

3. 利害关系人之间发生的有关依据公证行为之权利的争议,由法院依照诉讼程序审理。

第311条　关于已实施公证行为或拒绝实施公证行为的申请的审理

法院在审理关于已实施公证行为或拒绝实施公证行为的申请时,申请人、实施公证行为或拒绝实施公证行为的公证员、公职人员应该出庭。但是他们不到庭不妨碍申请的审理。

第312条　对已实施公证行为或拒绝实施公证行为的申请的法院判决

如果法院判决满足关于已实施公证行为或拒绝实施公证行为的申请,则已实施公证行为予以撤销或责成实施公证行为。

第三十八章　已终止司法程序的恢复

第 313 条　已终止司法程序的恢复程序

1. 由于法院作出终止案件司法程序的裁定而完全或部分终止的司法程序,依照本章规定的程序予以恢复。

2. 要求恢复已终止司法程序的案件应根据案件参加人的申请提起。

第 314 条　要求恢复已终止司法程序申请的提出

1. 要求恢复已终止司法程序的申请应向对争议作出实体判决或作出终止案件司法程序裁定的法院提出。

2. 要求恢复已终止司法程序的申请书应该指出,申请人要求恢复的究竟是哪一个司法程序,法院是否对案件作出实体判决或案件的程序是否终止,申请人在案件中是什么诉讼地位,还有谁是案件参加人,各人是什么诉讼地位,这些人的住所地或地址,申请人所了解的司法程序终止的情况,司法程序文件的副本或关于这些文件的材料所在何处,申请人认为必须恢复的究竟是什么文件,必须恢复的目的是什么。

申请书应附具与案件有关的现存文件或其复印件,即使它们未按规定程序进行认证。

申请人免交法院审理恢复司法程序的案件时所发生的诉讼费用。

第 315 条　搁置要求恢复司法程序的申请或对申请不予审理

1. 如果要求恢复已终止司法程序的申请书没有说明提出申请的有关目的,则法院搁置申请并提供一个申请人叙述其目的的必要期限。

2. 如果申请人提出的目的与维护其权利和合法利益无关,则法院应拒绝提起恢复已终止司法程序的案件,或者当案件已经提起时作出对案件不予审理的裁定并说明理由。

第 316 条　拒绝恢复已终止的司法程序

1. 在案件实体判决前已终止的司法程序,不得予以恢复。在这种情况下原告人有权重新提起诉讼。法院关于因终止司法程序而重新提起案件的裁定应该反映这一情况。

2. 法院在审理重新提起的诉讼时,可以利用尚保留的那一部分司法程序,还可以利用司法程序终止前发给公民、组织提交的文件以及这些文件的复印件和其他与案件有关的文件。

对实施诉讼行为时在场的人员,法院可以作为证人进行询问,在必要情况下还可以询问已终止司法程序中审理案件的法官以及法院判决的执行人员。

第 317 条　关于恢复已终止司法程序的法院判决

1. 法院关于终止司法程序的判决或裁定,如果曾对该案作出过,应该予以恢复,但本法典第 318 条规定的情形除外。

2. 关于恢复已终止司法程序的法院判决或关于终止司法程序的法院裁定应该指出,根据向法院提交的什么材料并在已终止司法程序的全体诉讼参加人参加下经审判庭审查法院才认为所恢复司法程序的内容是确定无疑的。

在关于恢复已终止司法程序的法院判决的理由部分还应指出法院认为所讨论的情节已经得到证明的结论,以及在已终止司法程序中实施过哪些诉讼行为。

第 318 条　终止关于恢复已终止司法程序案件的审理程序

1. 如果搜集到的材料不足以准确恢复与已终止司法程序有关的法院裁判,法院应作出裁定,终止关于恢复已终止司法程序案件的审理程序,并向案件参加人说明他们按照一般程序提起诉讼的权利。

2. 对要求恢复已终止司法程序的申请的审理不受其保管期间的限制。但是在为了执行而向法院提出要求恢复已终止司法程序申请的情况下,如果提交执行令的期限已经届满而法院未予以恢复,则法院还应终止关于恢复已终止司法程序的案件。

第 319 条　对法院关于恢复已终止司法程序的裁判提出上诉的程序

1. 对法院关于恢复已终止司法程序的裁判可以依照本法典规定的程序提出上诉。

2. 故意提出虚假申请的,与提起恢复已终止司法程序案件有关的诉讼费用由申请人负担。

第三编 第二审法院的诉讼程序

第三十九章 上诉审法院的诉讼程序

第 320 条 提出上诉和抗诉的权利

1. 对第一审法院尚未生效的判决,可以通过上诉程序依照本章的规则提出上诉或抗诉。

2. 对法院判决的上诉权属于双方当事人和案件其他参加人。参加案件的检察长有权提出抗诉。

3. 没有参加案件的其他人也可以提出上诉,这些人的权利和义务由法院规定。

第 320-1 条 审理上诉、抗诉的法院

上诉、抗诉由下列法院审理:

1. 对和解法官判决的上诉、抗诉——由区法院审理。

2. 对区法院、卫戍区军事法院判决的上诉、抗诉——由共和国最高法院、边疆区法院、州法院、联邦直辖市法院、自治州法院、自治专区法院、军区(舰队)军事法院审理。

3. 对共和国最高法院、边疆区法院、州法院、联邦直辖市法院、自治州法院、自治专区法院、军区(舰队)军事法院作为第一审法院所作判决的上诉、抗诉——由普通上诉法院审理。

4. 对军区(舰队)军事法院所作判决的上诉、抗诉——由军事上诉法院审理。

5. 对俄罗斯联邦最高法院作为第一审法院所作判决的上诉、抗诉——由俄罗斯联邦最高法院上诉庭审理。

第 321 条 提出上诉或抗诉的程序和期限

1. 上诉状或抗诉书应通过原判法院递交。直接向上诉审法院提出的

上诉、抗诉应该送交原判法院,以便依照本法典第 325 条的要求实施诉讼行为。

2. 上诉状、抗诉书可以在法院作出最后判决之日起的 1 个月内提出,但本法典有不同规定的除外。

第 322 条　上诉状和抗诉书的内容

1. 上诉状和抗诉书应该包括以下内容:

(1)受理上诉或抗诉的法院的名称;

(2)上诉人或抗诉人的姓名(名称)、住所地或地址;

(3)第一审法院编制的案件号,被提出上诉或抗诉的法院判决;

(4)上诉人的要求或提出抗诉的检察长的要求,以及他们认为法院判决不正确的理由;

(5)上诉状和抗诉书所附文件的清单。

2. 上诉状、抗诉书可以包含电话号码、传真号码、电子邮件地址和审理案件所必需的其他信息,以及提出哪些申请。

上诉状、抗诉书不得包含案件在第一审法院审理时未提出过的请求。

只有在上诉状、抗诉书中说明不可能将新的证据提交给第一审法院时,才允许上诉人或者提出抗诉的检察长援引新的证据。

3. 上诉状由上诉人或其代理人签字。由代理人提交的上诉状,应该附具委托书或其他证明代理人权限和依照本法典第 53 条办理的文件,如果案件中代理人无此权限。

抗诉书由检察长签字。

4. 上诉状还应附具:

(1)证明已经按照规定的数额和程序交纳国家规费或证明交纳国家优惠权的文件,或者请求延期、分期交纳、减免国家规费的申请书,如果案卷里没有该文件;

(2)如果案件其他参加人没有上诉状、抗诉书的副本和所附具的文件的复印件,以及在采取填写相应法院官网上表格的方式递交的上诉状、抗诉书和所附具文件的情况下,还应附具证明已经向案件其他参加人发送或递交上诉状、抗诉书的副本和所附具的文件的复印件。

第 323 条　上诉状、抗诉书的搁置

1. 如果提交的上诉状或抗诉书不符合本法典第 322 条的要求,以及在提交上诉状时未交纳国家规费,则法官应在收到上诉状或抗诉书之日起的 5 日内作出搁置上诉状或抗诉书的裁定,并考虑上诉状或抗诉书欠缺的性质以及上诉人、抗诉人的住所地或所在地给上诉人或抗诉人指定补正欠缺的合理期限。

2. 如果上诉人或提出抗诉的检察长在规定期限内完成法官裁定中的指示,则上诉状或抗诉书被认为是在最初提交法院之日提出的。

3. 对法官搁置上诉状、抗诉书的裁定,也可以提出上诉或抗诉。

第324条　发还上诉状或抗诉书

1. 有下列情形之一的,上诉状、抗诉书应分别发还上诉人或检察长:

(1)未在规定期限内完成法官关于搁置上诉状或抗诉书的裁定中的指示;

(2)在上诉状或抗诉书中未提出恢复上诉或抗诉期限的请求或要求恢复上诉或抗诉期限的请求被驳回的情况下,对法院判决提出上诉或抗诉的期限届满之后才提出上诉或抗诉。

2. 如果案件尚未移送到上诉审法院,根据上诉人或提出抗诉的检察长的请求,法官也可以发还上诉状或抗诉书。

3. 将上诉状或抗诉书发还上诉人或检察长的事宜,根据法官的裁定进行。对法官发还上诉状、抗诉书的裁定可以提出上诉或抗诉。

第325条　第一审法院在收到上诉状和抗诉书后的行为

1. 第一审法院在收到依照本法典第321条规定的期限递交的并符合本法典第322条有关要求的上诉状或抗诉书后,必须将上诉状、抗诉书以及所附文件的副本送交案件参加人。

2. 案件参加人有权对上诉状、抗诉书以书面形式向第一审法院提出答辩状,并附具证明这些答辩的文件,还要按案件参加人的人数提交答辩状和所附文件的复印件,并有权了解上诉状、抗诉书和对它们提出的答辩状。

3. 上诉和抗诉期限届满后,第一审法院应将案卷连同上诉状、抗诉书和对它们的答辩状一并送交上诉审法院。

在上诉和抗诉期限届满之前案卷不得送交上诉审法院。

第325-1条　上诉审法院退回案件

1. 如果第一审法院没有审理以下事项,则上诉审法院将案件连同上诉状、抗诉书一并退回第一审法院:

(1)要求恢复补交上诉状、抗诉书的期限的申请;

(2)对笔录的意见;

（3）要求作出补充判决的申请。

2. 如果第一审法院没有制作说明理由的判决，上诉审法院也应将案件退回第一审法院。

第 326 条　放弃上诉和撤回抗诉

1. 在上诉审法院作出上诉裁定之前，允许撤回上诉状、抗诉书。

2. 要求放弃上诉状、撤回抗诉书的申请应以书面形式向上诉审法院提出。

3. 关于接受放弃上诉、抗诉的事宜，上诉审法院应作出裁定，同时终止对相应上诉、抗诉的诉讼程序。

因放弃上诉、抗诉而终止对上诉、抗诉的诉讼程序不妨碍对其他上诉、抗诉进行审理，如果其他人对第一审法院的判决提出上诉或抗诉。

第 326-1 条　在上诉审法院原告人放弃诉讼请求、被告人承认诉讼请求、当事人和解

1. 在上诉审法院受理上诉、抗诉之后，原告人放弃诉讼请求、被告人承认诉讼请求、当事人和解的，应以书面形式在向上诉审法院提交的申请中予以表示。如果原告人放弃诉讼请求、被告人承认诉讼请求、当事人和解的条件在审判庭提出，则相关放弃、承认诉讼请求和和解的条件应记入审判庭笔录并分别由原告人、被告人、和解协议当事人双方签字。

2. 原告人放弃诉讼请求、当事人签订和解协议的申请的审理程序和后果按照本法典第 173 条第 2 款和第 3 款、第十四章的规则确定。上诉审法院在接受原告人放弃诉讼请求的申请和批准双方的和解协议时，应撤销原判决并终止案件的诉讼。如果被告人承认并接受诉讼请求，上诉审法院应作出满足原告人诉讼请求的判决。

第 326-2 条　中止执行上诉审法院的裁判

1. 如果案件参加人说明了不可能或难以执行回转，则上诉审法院有权根据申请人的请求中止第一审法院所作裁判的执行。

要求中止执行法院裁判的申请，可以将通过填写表格并上传到法院官网上的方法递交，表格应依照俄罗斯联邦立法使用可靠强化电子签名。

2. 上诉审法院应在收到申请之日起的 3 日内作出裁定，中止法院裁判的执行或者驳回要求中止法院裁判执行的申请。

中止法院裁判的执行或者驳回要求中止法院裁判执行申请的裁定的副本应递交案件参加人。

3. 法院裁判执行的中止直至上诉审法院对上诉状的审理结果作出之时,但法院规定了中止执行法院裁判的不同期限的除外。

第 327 条　上诉审法院对案件的审理程序

1. 上诉审法院应将审判庭开庭审理上诉、抗诉的时间和地点通知案件参加人。

上诉审法院按照第一审法院的诉讼规则开庭审理案件,并同时考虑本章的特别规定。

允许案件参加人、他们的代理人以及证人、鉴定人、专家、翻译人员依照本法典第 155-1 条规定的程序利用视频系统参加法庭审理。

(此处一段失效,由 2018 年 11 月 28 日第 451 号联邦法律删除)

2. 上诉审法院由审判长宣布开庭,说明审理的是什么案件,根据谁提出的上诉或抗诉进行审理,对什么判决提出上诉、抗诉,案件参加人及其代理人是谁,确定到庭人的身份,审查公职人员及其代表的权限并向案件参加人说明他们的诉讼权利和义务。

上诉审法院审理案件,开始时由法官报告案情。

3. 法院报告案情后,上诉审法院听取到庭的案件参加人、他们的代理人的解释。第一个发言的是上诉人或他的代理人或提出抗诉的检察长。如果双方当事人都提出上诉,则第一个发言的是原告人。

在上诉人或提出抗诉的检察长、案件其他参加人、他们的代理人进行解释以后,如果有相关申请,上诉审法院还要宣读案件证据,之后转入审查法院接受的新证据。

4. 在查明案情和审查证据之后,上诉审法院应该让案件参加人依照进行解释的先后顺序参加法庭辩论。

5. 在上诉审法院每次开庭的过程中,以及在法庭外实施诉讼行为时,均应按照本法典第二十一章的规则制作笔录。

6. 上诉审法院不适用几个诉讼请求并案或分立、变更诉讼标的或理由、变更诉讼请求数额、提出反诉、替换不当被告人、追加第三人为案件参加人等规则。

第 327-1 条　上诉审法院审理案件的范围

1. 上诉审法院审理案件应以上诉状、抗诉书及答辩状所叙述的理由为限。

上诉审法院评价案件中现有的证据和提交的补充证据。如果案件参加人说明由于他们意志以外的原因而不可能在第一审法院提交某些证据,而法院认为这些原因是正当的,则案件参加人可以提交补充证据。关于接受新证据的事宜,上诉审法院要作出裁定。

2. 如果仅对法院判决的一部分提出上诉或抗诉,则上诉审法院仅审理被上诉(抗诉)的那一部分判决是否合法和根据充分。

为了维护法制,上诉审法院有权全面审查第一审法院的判决。

3. 无论上诉状、抗诉书提出何种理由,上诉审法院均应审查第一审法院是否违反了诉讼法规范,违反这些规范即为依照本法典第330条第4款撤销第一审法院判决的根据。

4. 新的请求,如果并非第一审法院审理对象的,上诉审法院不受理也不审理。

第 327-2 条　上诉审法院审理案件的期限

1. 区法院、共和国最高法院、边疆区法院、州法院、联邦直辖市法院、自治州法院、自治专区法院、军区(舰队)军事法院、普通上诉法院在收到上诉状、抗诉书之日起的 2 个月内进行审理。如果上诉状在递交期限届满之前递交给上诉审法院,则审理上诉状的期限自上诉状的递交期限届满之日起计算。

2. 俄罗斯联邦最高法院应在收到上诉状、抗诉书之日起的 3 个月内进行审理。

本法典、其他联邦法律对上诉审法院审理个别种类的案件的上诉状、抗诉书可以规定更短的期限。

第 328 条　上诉审法院的权限

根据对上诉、抗诉的审理结果,上诉审法院有权:

1. 维持原判,驳回上诉或抗诉。

2. 完全或部分撤销或变更第一审法院判决并作出新的判决。

3. 完全或部分撤销第一审法院的判决并终止案件诉讼,或完全或部分对申请不予审理。

4. 如果上诉状、抗诉书在上诉期限届满后才提交,又没有解决恢复上诉期的问题,则上诉审法院对上诉、抗诉不予审理。

第 329 条　上诉审法院的裁判

1. 上诉审法院的裁判以裁定的形式作出。

2. 上诉审法院的裁定应包括以下内容:

（1）第一审法院编制的案件号、作出裁定的日期和地点；

（2）作出裁定的法院的名称、法庭组成人员；

（3）上诉人、抗诉人；

（4）被上诉的第一审法院判决、上诉状、抗诉书、新提交的证据、上诉审法院审理案件时参加人的解释等的简要内容；

（5）上诉审法院确定的案情、法院证明这些案情的证据、法院在作出裁决时所依据的法律和其他规范性法律文件、法院驳回证据和不适用法律和其他规范性法律文件的理由；

（6）上诉审法院不同意第一审法院结论的理由，如果第一审法院的判决被完全驳回或部分驳回；

（7）法院根据对上诉状、抗诉书的审理结果得出的结论。

3. 在驳回上诉、抗诉时，上诉审法院应在裁定中说明驳回上诉、抗诉的理由。

4. 上诉审法院的裁定应指出如何分摊诉讼费用，包括如何分摊提出上诉、抗诉的费用。

5. 上诉审法院的裁定自作出之日起发生法律效力。

第 330 条　通过上诉程序撤销或变更法院判决的根据

1. 通过上诉程序撤销或变更法院判决的根据是：

（1）对案件有意义的情节确定不正确；

（2）第一审法院确认的对案件有意义的情节没有得到证明；

（3）法院判决所叙述的第一审法院结论与案情不合；

（4）违反或不正确适用实体法规范或诉讼法规范。

2. 适用实体法规范不正确是指：

（1）未适用应该适用的法律；

（2）适用了不应该适用的法律；

（3）对法律的解释不正确。

3. 违反或不正确适用诉讼法规范是变更或撤销第一审法院判决的根据，如果这种违反已经导致或可能导致作出不正确判决。

4. 在下列任何情况下都必须撤销第一审法院判决的根据是：

（1）审理案件的法庭组成不合法；

（2）没有以适当方式将开庭的时间和地点通知某一案件参加人，案件是在他缺席的情况下审理的；

（3）违反关于诉讼语言的规则；

（4）法院对没有被追加参加案件的人的权利和义务作出了判决；

（5）法官或某一位法官未在判决书上签字，或者签字的并非审理案件的法庭组成人员；

（6）在没有法庭录音或录像的情况下，没有书面形式的审判庭笔录或者庭审笔录的签字人不是本法典第230条所列人员；

（7）在作出判决时违反了秘密评议规则。

5. 如果存在本条第4款规定的根据之一，上诉审法院按照第一审法院诉讼的规则审理案件而不考虑本章的特别规定。关于案件转而按照第一审法院诉讼规则进行审理的事宜，应作出裁定，并指出案件参加人应实施的诉讼行为和实施的期限。

6. 第一审法院实质正确的判决不得仅因为某一形式上的考虑而撤销。

第330-1条　上诉审法院在案件审理后收到的上诉状、抗诉书的审理程序

1. 如果上诉状、抗诉书在规定期限内递交或在恢复迟误的期限后递交，而法院在审理本案其他请求时才收到，上诉审法院必须受理这些上诉状、抗诉书。

2. 如果上诉审法院在审理本条第1款所规定的上诉状、抗诉书之后对审理案件的结果得出不同的结论，则撤销以前的上诉裁定并作出新的上诉裁定。

第331条　对第一审法院裁定的上诉或抗诉

1. 在下列情况下，当事人、案件其他参加人可以不对第一审法院判决而仅单独对第一审法院的裁定提出上诉，检察长可以提出抗诉：

（1）本法典有此规定；

（2）法院的裁定使案件不能再继续进行。

2. 上诉、检察长的抗诉分别由以下法院审理：

（1）对和解法官裁定的上诉、抗诉——由区法院审理；

（2）对区法院、卫戍区军事法院裁定的上诉、抗诉——由共和国最高法院、边疆区法院、州法院、联邦直辖市法院、自治州法院、自治专区法院、军区（舰队）军事法院审理；

（3）对共和国最高法院、边疆区法院、州法院、联邦直辖市法院、自治州法院、自治专区法院、军区（舰队）军事法院裁定的上诉、抗诉——由普通上诉法院审理；

（4）对俄罗斯联邦最高法院裁定的上诉、抗诉——由俄罗斯联邦最高法

院申告庭审理。

3. 对第一审法院的其余裁定不得提出上诉,检察长不得提出抗诉,但对裁定的异议可以在上诉状、抗诉书中表示。

第 332 条 对裁定提出上诉、抗诉的期限

对裁定的上诉或抗诉可以在第一审法院裁定作出之日起的 15 日内提出,但本法典规定了不同期限的除外。

第 333 条 上诉或抗诉的提出和审理的程序

1. 上诉、抗诉的提出以及法院对上诉、抗诉的审理依照本章规定的程序进行,但要考虑本条的例外和特别规定。

2. 第一审法院在收到依照本法典第 332 条规定的期限内提出的并符合本法典第 322 条规定的要求的上诉状、抗诉书后,必须将上诉状、抗诉书的副本和所附具文件的复印件发给案件参加人并指定一个合理期限,在该期限内案件参加人向第一审法院提交对上诉状、抗诉书的书面答辩状和证明答辩的文件并按照案件参加人的人数提交答辩状和证明文件的副本。

3. 对第一审法院裁定的上诉、抗诉的审理,不通知案件参加人,但下列裁定除外:关于中止案件诉讼的裁定;关于终止案件诉讼的裁定;关于对案件不予审理的裁定;关于满足或驳回要求根据新发现的情况和新的情况对法院裁决进行再审的申请或抗诉的裁定;关于强制执行或拒绝强制执行外国法院判决的裁定;关于承认或拒绝承认外国法院判决的裁定;关于承认和执行外国仲裁庭(仲裁院)仲裁裁决或拒绝承认和执行外国仲裁庭(仲裁院)仲裁裁决的裁定。

根据所审理诉讼问题的性质和复杂程度以及上诉状、抗诉书的理由和对上诉状、抗诉书的答辩,上诉审法院可以在通知上诉、抗诉的审理时间和地点之后传唤案件参加人到庭。

4. 除本条第 3 款规定的裁定外,对第一审法院裁定的上诉、抗诉由上诉审法官在本法典第 327-2 条规定的期限内独任审理,但本法典规定了不同期限的除外。

第 334 条 上诉审法院在审理对裁定的上诉或抗诉时的权限

上诉审法院在审理对裁定的上诉或检察长的抗诉时有权:

1. 维持第一审法院的裁定,驳回上诉或抗诉。

2. 完全或部分撤销第一审法院的裁定并对问题进行实体解决。

第 335 条　上诉审法院裁定的法律效力

上诉审法院对上诉或抗诉的裁定自作出之日起发生法律效力。

第 335-1 条　对简易程序案件法院判决的上诉状、抗诉书的审理程序

1. 对简易程序案件法院判决提出的上诉状、抗诉书,在上诉审法院由法官根据现有案件证据独任审理,不传唤案件参加人。根据所审理问题的性质和复杂程度以及上诉状、抗诉书的理由以及对它们的反驳,法院可以传唤案件参加人出庭。

2. 通过简易程序审理的案件的补充证据,上诉审法院不予接受,但在本法典第 232-3 条第 4 款规定的情况下证据和(或)其他文件没有根据的未被第一审法院接受的情形除外。

3. 在存在本法典第 330 条第 4 款规定的根据的情况下,如果上诉审法院认为上诉状所举出的认为简易程序案件应该依照一般规则审理的理由成立,则上诉审法院应撤销判决,并将案件发还第一审法院按照一般诉讼规则进行审理。

第四十章　申诉审法院的诉讼程序

（2010 年 12 月 9 日第 353 号联邦法律规定,本章自 2012 年 1 月 1 日起失效）

第四编　已经发生法律效力的法院裁判的再审

第四十一章　申诉审法院的诉讼程序

第一节　普通申诉法院的诉讼

第 376 条　向普通申诉法院提出申告的权利

1. 案件参加人和其他人,如果他们的权利和合法利益因法院裁判而受到侵犯,可以依照本节所规定的程序对本法典第 377 条第 2 款所列已经发生法律效力的法院裁决提出申诉和抗诉。

本条第一段所列人员在法院裁判生效之前已经用尽了本法典规定的对法院裁判的其他申告方式,则可以在其生效之日起的 6 个月内向普通申诉法院申诉、抗诉。

2. 如果检察长参加了案件的审理,则本法典第 377 条第 3 款所列检察机关的公职人员有权向普通申诉法院提出抗诉,对已经发生法律效力的法院裁判要求再审。

第 376-1 条　提交申诉状、抗诉书的期限

1. 申诉状、抗诉书可以在被申诉的法院裁决生效之日起的 3 个月内递交给普通申诉法院。

2. 向普通申诉法院递交申诉状、抗诉书的期限迟误时,如果法院认为有正当原因,则该期限可以由相应申诉审法院恢复。

3. 要求恢复递交申诉状、抗诉书迟误期限的申请由一名法官审理,不开庭,也不通知案件参加人。法官根据对该申请的审理结果作出恢复递交申诉状、抗诉书的期限或者驳回恢复该期限申请的裁定。

4. 对普通申诉法院关于恢复递交申诉状、抗诉书期限的裁定或驳回恢

复该期限的裁定,可以依照本法典第 379-2 条规定的程序在该裁定作出之日起的 1 个月内提出申诉。

第 377 条　递交申诉状、抗诉书的程序

1. 申诉状、抗诉书通过第一审法院递交给普通申诉法院。

第一审法院必须在收到申诉状、抗诉书之日起的 3 日内将申诉状、抗诉书连同案卷一并送交有关的普通申诉法院。

2. 申诉状、抗诉书的送交:

(1)对已经生效的区法院和和解法官的法院命令、判决、裁定;共和国最高法院、边疆区法院、州法院、联邦直辖市法院、自治州法院、自治专区法院作为第一审法院作出的判决和裁定提出的申诉和抗诉;区法院、共和国最高法院、边疆区法院、州法院、联邦直辖市法院、自治州法院、自治专区法院、普通上诉法院作为上诉审法院作出的上诉审裁定和其他裁定提出的申诉和抗诉——送交普通申诉法院。

(2)对已经生效的卫戍区军事法院、军区(舰队)军事法院作为第一审法院作出的判决和裁定提出的申诉和抗诉;对军区(舰队)军事法院、军事上诉法院作为上诉审法院作出的上诉裁定和其他裁定提出的申诉和抗诉——向军事申诉法院提出。

3. 下列人员有权提出抗诉,要求对已经生效的法院裁决进行再审:

(1)俄罗斯联邦总检察长、副总检察长——向任何普通申诉法院提出;

(2)俄罗斯联邦各主体检察长和与他们同级的军事检察长和专门检察长在其权限范围内——向相应的普通申诉法院提出。

第 378 条　申诉状、抗诉书的格式和内容

1. 申诉状、抗诉书以书面形式递交法院。申诉状、抗诉书也可以通过在法院官网上填写表格的方式递交。

2. 申诉状、抗诉书应该包括以下内容:

(1)接受申诉状、抗诉书的法院的名称;

(2)递交申诉状、抗诉书的人员名称、他的住所地或地址及其在案件中的诉讼地位;

(3)案件其他参加人的名称、住所地或地址以及其在案件中的诉讼地位;

(4)第一审法院和(或)上诉审法院和上述法院所作出裁判的内容;

(5)第一审法院编制的案件号,被提出申诉、抗诉的法院裁判;

（6）对法院裁判提出申诉、抗诉的理由，列举出证明有关法院违反法律的理由，并援引法律和其他规范性法律文件以及案情；

（7）申诉人、抗诉人的请求；

（8）申诉状、抗诉书所附文件的清单。

3. 申诉状、抗诉书还可以包含：提出哪些申请、电话号码、传真号码、电子邮件地址和审理案件的其他必要信息。

4. 没有参加案件的人的申诉状应该指出，该人的哪些权利和合法利益因已经生效的法院裁判而受到侵犯。

5. 申诉状应该由申诉人本人或他的代理人递交。由代理人递交的申诉状，应附具委托书或证明其代理权的其他文件。抗诉书应该由本法典第 377 条第 3 款所列检察长签字。

6. 申诉状、抗诉书递交时应按案件参加人的人数提交复印件。

7. 申诉状应该附具证明已经按照规定的程序和数额交纳国家规费的凭证或者证明交纳国家规费优惠权的证明文件，或者要求减免国家规费、延期或分期交纳国家规费的申请。

8. 申诉状所附文件，也可以向法院提交电子版。

第 378-1 条　法院受理申诉状、抗诉书

1. 普通申诉法院受理申诉状、抗诉书的案件在申诉审法院收到申诉状、抗诉书和案卷之日起的 5 日内由法官独任解决。

2. 依照本法典第 376 条至第 378 条规定的程序递交的申诉状、抗诉书，普通申诉法院应该受理。如果违反了上述要求，法官依照本法典第 378-2 条和第 379-1 条规定的程序搁置申诉状、抗诉书或者退回申诉状、抗诉书。

3. 关于受理申诉状、抗诉书的事宜，法官应作出裁定，从而启动申诉状、抗诉书的审理程序。

关于受理申诉状、抗诉书的裁定的副本至迟应至作出的次日送交案件参加人。

第 378-2 条　搁置申诉状、抗诉书

1. 普通申诉法院如果在审理申诉状、抗诉书的受理问题时确认它们违反了本法典第 378 条的要求，则作出搁置申诉状、抗诉书的裁定。

2. 在搁置申诉状、抗诉书的裁定中，法官必须指出搁置申诉状、抗诉书的理由，规定申诉人、抗诉人排除搁置理由的一个合理期限。

法院对排除申诉状、抗诉书搁置理由的情况规定的期限应该考虑这些情

况的性质以及申诉人、抗诉人的住所地或所在地。

3. 关于搁置申诉状、抗诉书的裁定的副本最迟应在作出的次日送交申诉人、抗诉人。

4. 如果成为搁置申诉状、抗诉书理由的情况已经在搁置申诉状、抗诉书裁定所规定的期限内排除,则申诉状、抗诉书被视为在最初递交法院之日收到和受理。

5. 如果本条第 2 款规定的情况没有在搁置申诉状、抗诉书的裁定规定的期限内排除,法院应按照本法典第 391-1 条规定的程序将申诉状、抗诉书和所附具的文件退回申诉人或抗诉人。

第 379 条　（失效）

（本条由 2007 年 12 月 4 日第 330 号联邦法律删除）

第 379-1 条　退回申诉状、抗诉书而不进行实体审理

1. 如果在审理申诉状、抗诉书的法院受理问题时发现下列情形之一的,申诉状、抗诉书予以退回而不进行实体审理:

（1）未在规定期限内排除成为搁置申诉状、抗诉书理由的情况;

（2）递交申诉状、抗诉书的人无权向申诉审法院提出相关请求;

（3）申诉状、抗诉书针对的法院裁判是依照本法典第 376 条第 1 款的规定不得向普通申诉法院提出申诉和抗诉的;

（4）通过申诉程序对法院裁判提出申诉的期限届满,而向普通申诉法院递交的申诉状、抗诉书没有提交要求恢复递交申诉状、抗诉书迟误期限的申请或者该申请被驳回;

（5）收到要求退回申诉状、抗诉书的请求;

（6）申诉状、抗诉书的递交违反了本法典第 377 条规定的管辖规则。

2. 关于退回申诉状、抗诉书的事宜,法院应作出裁定。

退回申诉状、抗诉书的裁定书的副本最迟应在作出裁定的次日连同申诉状、抗诉书以及所附具的文件一并送交申诉人、抗诉人。

3. 退回申诉状、抗诉书不妨碍在排除构成退回理由的情况之后依照一般程序向普通申诉法院再次递交申诉状、抗诉书。

第 379-2 条　对申诉审法院关于搁置或退回申诉状、抗诉书的裁定的申诉

1. 对申诉审法院关于搁置或退回申诉状、抗诉书的裁定,可以在裁定作出之日起的 1 个月内向作出该裁定的申诉审法院提出申诉。

2. 对申诉审法院关于搁置或退回申诉状、抗诉书的裁定的申诉,应在收到申

诉之日起的 10 日内由该法院的法官组成合议庭审理,不通知案件参加人。

如果普通申诉法院关于搁置或退回申诉状、抗诉书的裁定被撤销,则申诉状、抗诉书被认为是在法院最初收到之日向法院递交的。

第 379-3 条　中止执行申诉审法院的裁判

1. 在法院受理申诉状、抗诉书时,如果申诉状、抗诉书或单独申请提出相关请求,普通申诉法院的法官有权中止执行第一审法院或上诉审法院所作的法院裁判。

关于中止执行法院裁判的申请,采用了俄罗斯联邦立法规定的程序进行可靠强化电子签名的,可以通过在法院官网填写表格的方式提交。

2. 关于中止执行法院裁判或驳回要求中止执行法院裁判的申请等事宜,申诉审法院应作出裁定。该裁定的内容可以在法院受理申诉的裁定中加以叙述。

裁定书的副本应在作出的次日送交案件参加人。

3. 在申诉审法院根据对申诉状、抗诉书的审理结果作出裁定之前,法院裁判中止执行,但法院规定了中止执行法院裁判的不同期限的除外。

第 379-4 条　普通申诉法院审理申诉状、抗诉书的期限

1. 普通申诉法院审理申诉状、抗诉书的期限不得超过申诉审法院收到申诉状、抗诉书和案卷之日起的 2 个月。如果申诉审法院在递交期限届满之前收到申诉状、抗诉书,则申诉状、抗诉书的审理期限自递交申诉状、抗诉书期限届满之日起计算。

2. 由于案情特别复杂,根据审理案件的法官说明理由的申请,本条第 1 款规定的期限可以由普通申诉审法院院长延长到 4 个月。

第 379-5 条　普通申诉法院审理案件的程序

1. 普通申诉法院开庭由三名法官组成合议庭审理案件,一名法官担任审判长,但本节有不同规定的除外。

2. 普通申诉法院依照本法典规定的第一审法院审理案件的规则审理案件,同时应遵守本节的特别规定。普通申诉法院在审理案件时不适用制作笔录的规则。

3. 递交申诉状、抗诉书的人和案件其他参加人及其代理人出庭。也允许上述人员依照本法典第 155-1 条规定的办法使用视频系统出庭。

4. 如果检察长是参加案件审理的人,则普通申诉法院开庭时到庭的检察长是俄罗斯联邦总检察长、副总检察长、俄罗斯联邦主体检察长和与他们

同级的军事检察长和其他专门检察长或他们的副职,或者根据检察长的委托由检察机关公职人员出庭。

5. 递交申诉状、抗诉书的人和案件其他参加人已经收到法庭审理时间和地点的通知而不到庭,不妨碍普通申诉法院在他们缺席的情况下开庭审理案件。

6. 普通申诉法院审理的申诉状、抗诉书由参加该案审理的一名法官报告案情。

报告案情的法官叙述案情;对该案所作出的法院裁判的内容;申诉状、抗诉书中提出的向普通申诉法院进行申诉和抗诉的理由。

7. 本条第3款和第4款所列人员,如果他们出庭,则有权对案件作出解释。第一个作解释的是申诉人、抗诉人。

8. 根据申诉状、抗诉书的审理结果,普通申诉法院作出裁定。

9. 裁定的作出与宣布按照本法典第193条和第194条的规则进行。

10. 对已经生效的和解法官的命令、判决和区法院上诉裁定以及和解法官、区法院、卫戍区军事法院的裁定和根据对他们的申诉所作出的裁定、第一审法院和上诉审法院对简易程序案件所作的判决等提出的申诉、抗诉,均在申诉审法院由法官独任审理,不开庭。

考虑所审理问题的性质和复杂程度以及申诉状、抗诉书的理由和对这些理由的异议,法院可以传唤案件参加人到庭。

第 379-6 条　普通申诉法院审理案件的界限

1. 普通申诉法院检查第一审法院和上诉审法院作出的法院裁判的合法性,以申诉状、抗诉书所提出理由为限确定在审理案件时和作出法院裁判时适用和解释实体法规范和程序法规范是否正确,但本法典有不同规定的除外。

2. 为了维护法制,普通上诉法院有权超出申诉状、抗诉书所提出理由的限度。同时,法院无权对法院裁判中未被申诉、抗诉的部分进行审查,也不得对未被提出申诉、抗诉的法院裁判的合法性进行审查。

第 379-7 条　普通申诉法院撤销或变更法院裁判的根据

1. 普通申诉法院撤销或变更法院裁判的根据是被申诉、抗诉的法院裁判中的结论与第一审法院或上诉审法院所认定的事实情节不符,违反或不正确适用实体法规范或诉讼法规范。

2. 不正确适用实体法规范包括:

(1)未适用应该适用的法律;

（2）适用了不应该适用的法律；

（3）对法律的解释不正确。

3. 违反或不正确适用诉讼法规范是撤销或变更法院裁判的根据，如果这种违反导致或可能导致作出不正确的法院裁判。

4. 下列任何情形之一，均为通过申诉程序撤销法院裁判的根据：

（1）审理案件的法庭组成人员不合法；

（2）未以适当方式将开庭的时间和地点通知案件参加人，而在他缺席的情况下进行案件审理；

（3）违反了审理案件的语言规则；

（4）法庭对案件参加人以外的人的权利和义务作出法院判决；

（5）法官或法官之一未在法院裁判上签字，或者在法院裁判上签字的法官不是法院裁判上所指明的法官；

（6）在没有审判庭录音或录像的情况下案卷中也没有审判庭笔录，或者在笔录上签字的不是本法典第二十一章所列人员；

（7）在作出法院裁判时违反法官秘密评议规则。

第 380 条　不进行实体审理而发还申诉状或检察长的抗诉书（失效）

（本条由 2007 年 12 月 4 日第 330 号联邦法律删除）

第 380-1 条　申诉审法院在收到申诉状、抗诉书后的行为（失效）

（本条由 2018 年 11 月 28 日第 451 号联邦法律删除）

第 381 条　申诉状、抗诉书的审理（失效）

（本条由 2018 年 11 月 28 日第 451 号联邦法律删除）

第 382 条　申诉状、抗诉书审理的期限（失效）

（本条由 2018 年 11 月 28 日第 451 号联邦法律删除）

第 383 条　法官关于拒绝将申诉状、抗诉书移送到申诉审法院开庭审理的裁定（失效）

（本条由 2018 年 11 月 28 日第 451 号联邦法律删除）

第 384 条　法官关于将申诉状、抗诉书移送到申诉审法院开庭审理的裁定（失效）

（本条由 2018 年 11 月 28 日第 451 号联邦法律删除）

第 385 条　将申诉状、抗诉书移送到申诉审法院开庭审理的事宜通知案件参加人（失效）

（本条由 2018 年 11 月 28 日第 451 号联邦法律删除）

第 386 条 申诉审法院开庭审理案件申诉、抗诉的期限和程序（失效）

（本条由 2018 年 11 月 28 日第 451 号联邦法律删除）

第 387 条 通过申诉程序撤销或变更法院裁判的根据（失效）

（本条由 2018 年 11 月 28 日第 451 号联邦法律删除）

第 388 条 申诉审法院的裁决和裁定（失效）

（本条由 2018 年 11 月 28 日第 451 号联邦法律删除）

第 389 条 根据俄罗斯联邦最高法院院长或俄罗斯联邦最高法院副院长的报告通过监督程序对法院裁判进行再审（失效）

（本条由 2018 年 11 月 28 日第 451 号联邦法律删除）

第 390 条 普通申诉法院的权限

1. 根据对申诉状、抗诉书的审理结果，普通申诉法院有权：

（1）维持第一审法院和（或）上诉审法院的裁判，驳回申诉状、抗诉书。

（2）完全或部分撤销第一审法院和（或）上诉审法院的裁判并将案件发回有关法院重新审理。在将案件发回重新审理时，法院可以指出审理案件的法官必须变更。

（3）完全或部分撤销第一审法院或上诉审法院的裁判，对申请不予审理或终止案件的诉讼。

（4）维持对案件所作出的某一裁判的效力。

（5）在适用和（或）解释实体法规范发生错误的情况下，不将案件发还重新审理，而变更或撤销第一审法院或上诉审法院的裁判并作出新的裁判。

（6）如果存在本法典第 379-1 条规定的根据，搁置申诉状、抗诉书的实体审理，或者如果在受理申诉状、抗诉书之后，申诉人、抗诉人又申请撤回申诉状、抗诉书而法院依照本法典第 39 条接受此种撤回，则终止对申诉状、抗诉书的审理。

2. 在排除了成为搁置申诉状、抗诉书理由的情况之后，利害关系人有权重新向法院提出申诉和抗诉。

在终止对申诉状、抗诉书审理的情况下，不允许相同的人以相同的理由再向法院提出申诉、抗诉。

3. 普通申诉法院无权确定第一审法院或上诉审法院裁判中没有确定的

或已经推翻的情节或认为它们已经得到证明,无权预判某一证据真实或不真实、一些证据优先于另一些证据以及规定在重新审理案件时应该作出何种法院裁判。申诉法院不接受补充证据。

4. 上级法院关于法律解释的指示对案件再审法院具有强制力。

第 390-1 条　普通申诉法院的裁定

1. 普通申诉法院的裁定应该包括以下内容:

(1)作出裁定的法院的名称和法庭组成人员;

(2)第一审法院所编制的案件号、作出裁定的日期和地点;

(3)作出裁定的案件;

(4)递交要求通过申诉程序重审案件的申诉状、抗诉书的人的名称;

(5)出庭人员的姓名及其权限;

(6)被申诉法院裁判的内容;

(7)对申诉状、抗诉书进行审理所得出的结论;

(8)法院得出自己结论的理由和法院所遵循的法律。

2. 在驳回申诉状、抗诉书时,法院必须指出驳回申诉状、抗诉书的理由。

3. 申诉审法院的裁定还应指出双方如何分摊因递交申诉状、抗诉书所应交纳的诉讼费用。

在撤销法院裁判而将案件发回重审时,诉讼费的分摊问题由对案件进行重新审理的法院解决。

4. 普通申诉法院的裁定由审理案件的合议庭全体法官签字,或者由独任审理的法官签字。

5. 申诉审法院裁定的副本应在作出最终形式的裁定之日起的 5 日内发给案件参加人。

6. 申诉审法院的裁定自作出之日起生效。

第二节　俄罗斯联邦最高法院审判庭的诉讼程序

第 390-2 条　向俄罗斯联邦最高法院审判庭提出请求的权利

1. 对本法典第 390-4 条第 2 款所列已经生效的法院裁判,案件参加人和其他人,如果认为该法院裁判侵犯了他们的权利和合法利益,可以依照本节规定的程序向俄罗斯联邦最高法院的审判庭提出告诉。

如果本法典规定的对法院裁判提出告诉的其他方式均已用尽,本条第 1

款所列案件参加人方可向俄罗斯联邦最高法院审判庭提出申诉和抗诉。

2. 如果检察长参加了案件的审理,则俄罗斯联邦总检察长、副总检察长有权向俄罗斯联邦最高法院审判庭提出抗诉,要求对已经生效的法院裁判进行再审。

第 390-3 条　向俄罗斯联邦最高法院审判庭提出申诉、抗诉的期限

1. 向俄罗斯联邦最高法院审判庭提出申诉、抗诉的期限不得超过普通申诉法院对申诉、抗诉进行实体审理并作出裁定之日起的 3 个月。

2. 向俄罗斯联邦最高法院审判庭递交申诉状、抗诉书的期限因法院认为正当的原因迟误的,可以由相应审判庭的法官予以恢复。

3. 要求恢复迟误递交申诉状、抗诉书期限的申请由一名法官审理,不开庭,不通知案件参加人。法官根据对该申请的审理结果作出恢复迟误递交申诉状、抗诉书期限的裁定或者驳回要求恢复该期限申请的裁定。

4. 俄罗斯联邦最高法院院长、俄罗斯联邦最高法院副院长有权不同意本条第 3 款所列俄罗斯联邦最高法院法官的裁定,并作出驳回恢复迟误递交申诉状、抗诉书期限的裁定或者恢复该期限的决定。

第 390-4 条　向俄罗斯联邦最高法院审判庭递交申诉状、抗诉书的程序

1. 申诉状、抗诉书直接向俄罗斯联邦最高法院审判庭递交。

2. 申诉状、抗诉书按以下办法递交:

(1)对下列已经生效的法院裁判的申诉状、抗诉书向俄罗斯联邦最高法院民事审判庭递交:区法院、共和国最高法院、边疆区法院、州法院、联邦直辖市法院、自治州法院、自治专区法院作为第一审法院所作出的判决和裁定;共和国最高法院、边疆区法院、州法院、联邦直辖市法院、自治州法院、自治专区法院、普通申诉法院作为上诉审法院作出的上诉审裁定和其他裁定;如果申诉、抗诉是由普通申诉法院审理,普通申诉法院的裁定,但裁定并未变更或撤销和解法官的裁判或者是根据对区法院裁定申诉的审理结果作出的除外。

(2)对下列已经生效的判决和裁定的申诉状、抗诉书向俄罗斯联邦最高法院军事审判庭提出:卫戍区军事法院、军区(舰队)军事法院作为第一审法院作出的判决和裁定;军区(舰队)军事法院、军事上诉法院的上诉裁定和其他裁定;如果申诉、抗诉由申诉军事法院审理,申诉军事法院的裁定。

第 390-5 条　申诉状、抗诉书的形式和内容

1. 申诉状、抗诉书以书面形式向俄罗斯联邦最高法院审判庭递交。申诉状、抗诉书也可以通过在法院官网上填写表格的方式递交。

2. 申诉状、抗诉书应包含以下内容：

（1）接受申诉状、抗诉书的法院的名称；

（2）申诉人、抗诉人的姓名、住所地或地址以及在案件中的诉讼地位；

（3）案件其他参加人的名称，其住所地或地址；

（4）指出第一审、上诉审和申诉审审理案件的法院以及法院判决的内容；

（5）第一审法院编制的案件号，指出被申诉、抗诉的法院裁判；

（6）指出法院严重违反实体法规范或诉讼法规范从而影响案件结局的问题何在，并举出证明这种违反的理由；

（7）申诉人、抗诉人的请求；

（8）申诉状、抗诉书所附具文件的清单。

3. 申诉状应该由申诉人或其代理人签字，代理人递交的申诉状，应附具委托书和证明其代理权的其他文件。抗诉书应该由本法典第 390-2 条第 2 款所列检察长签字。

4. 申诉状、抗诉书应附具经过有关法院认证的对案件所作的法院裁判。

5. 申诉状、抗诉书递交复印件的份数应符合案件参加人的人数。

6. 申诉状、抗诉书应该附具证明已经在法律规定的情况下依照法律规定的程序、数额交纳国家规费或者享有交纳国家规费优惠权的文件或者请求减免交纳国家规费或延期、分期交纳国家规费的申请书。

7. 申诉状、抗诉书所附具的文件可以采取电子形式提交给俄罗斯联邦最高法院审判庭。

第 390-6 条　退回申诉状、抗诉书不进行实体审理

1. 有下列情形之一的，申诉状、抗诉书予以发还而不进行实体审理：

（1）申诉状、抗诉书不符合本法典第 390-5 条对其形式与内容的要求；

（2）递交申诉状或抗诉书的人没有向申诉审法院提出申诉或抗诉的权利；

（3）依照本法典第 390-2 条的规定，对申诉状、抗诉书所针对的法院裁判的申告不应向俄罗斯联邦最高法院审判庭提出；

（4）对法院裁判向俄罗斯联邦最高法院审判庭提出申告的期限已经迟误，而向俄罗斯联邦最高法院审判庭提出的申诉状、抗诉书中并未提出恢复

迟误期限的申请或者恢复迟误期限的申请被驳回；

（5）法院已经收到要求撤回申诉状、抗诉书的请求；

（6）申诉状、抗诉书的递交违反了本法典第 390-4 条规定的管辖规则。

2. 申诉状、抗诉书在申诉审法院收到之日起或自作出驳回恢复递交申诉状、抗诉书迟误期限的申请之日起的 10 日内予以退回而不进行实体审理。

3. 申诉状、抗诉书的退回不妨碍在排除退回理由的情况后再次递交。

第 390-7 条 申诉状、抗诉书的审理

1. 俄罗斯联邦最高法院审判庭的法官根据申诉状、抗诉书所附具的或调取的案件材料审查申诉状、抗诉书。在调取案卷的情况下，如果申诉状、抗诉书中提出要求中止法院裁判执行的申请或者单独提出此申请，则法官有权作出中止法院裁判执行的裁定直至案件的申诉审终结。

要求中止执行法院裁判的申请，依照俄罗斯联邦立法规定的程序进行可靠强化电子签名的，可以通过在法院官网上填写表格的方式提交。

2. 根据对申诉状、抗诉书的审查结果，法官作出以下裁定之一：

（1）如果不存在通过申诉程序对法院裁判进行再审的理由，则作出驳回将申诉状、抗诉书移送申诉审法院进行再审的申请。在这种情况下，申诉状、抗诉书以及被提出申诉的法院裁判的副本均留存在申诉审法院。

（2）将申诉状、抗诉书连同案卷一并移送申诉审法院审理。

3. 俄罗斯联邦最高法院院长、副院长有权不同意俄罗斯联邦最高法院法官关于驳回将申诉状、抗诉书移送申诉审法院进行审理的申请的裁定，并在对法院裁判递交申诉状、抗诉书的期限届满之前作出撤销该裁定并将申诉状、抗诉书移送申诉审法院进行审理的裁定。在计算该期限时，申诉状、抗诉书在俄罗斯联邦最高法院审理的时间不计算在内。

4. 向俄罗斯联邦最高法院民事审判庭或向俄罗斯联邦最高法院军事审判庭递交的对本法典第 390-4 条第 2 款所列法院裁判的申诉状、抗诉书连同案卷，在它们移送申诉审法院开庭审理时，应分别发送到俄罗斯联邦最高法院民事审判庭或俄罗斯联邦最高法院军事审判庭。

第 390-8 条 申诉状、抗诉书的审理期限

1. 在俄罗斯联邦最高法院审判庭，申诉状、抗诉书的审理期限不得超过 2 个月，如果案卷没有调取而又必须调取案卷，则不得超过 3 个月，从开始调取案卷至案卷送达俄罗斯联邦最高法院之时的时间不计算在内。

2. 在调取案卷时，考虑到调取的复杂性，俄罗斯联邦最高法院院长、副院长可以延长申诉状、抗诉书审理的期限，但延长的时间不得超过 2 个月。

第 390-9 条　法官关于驳回将申诉状、抗诉书移送申诉审法院开庭审理的裁定

法官关于驳回将申诉状、抗诉书移送申诉审法院开庭审理的裁定应该包含以下内容：

1. 第一审法院编制的案件号，裁定作出的日期和地点。

2. 作出裁定的法官的姓名。

3. 申诉人、抗诉人。

4. 被申诉的法院裁判。

5. 拒绝将申诉状、抗诉书移送申诉审法院开庭审理的理由。

第 390-10 条　法官关于将申诉状、抗诉书连同案卷一并移送申诉审法院开庭审理的裁定

1. 法官关于将申诉状、抗诉书连同案卷一并移送申诉审法院开庭审理的裁定应该包含以下内容：

（1）第一审法院编制的案件号，作出裁定的日期和地点；

（2）作出裁定的法官的姓名；

（3）对所移送案件进行实体审理的申诉审法院的名称；

（4）申诉人、抗诉人的名称；

（5）被申诉、抗诉的法院裁判；

（6）叙述作出法院裁判的案件的案情；

（7）将申诉状、抗诉书连同案卷一并移送申诉审法院开庭审理的理由。

2. 法官将申诉状、抗诉书和案卷连同他所作出的裁定一并送交申诉审法院。

第 390-11 条　将申诉状、抗诉书连同案卷一并移送俄罗斯联邦最高法院审判庭进行审理的事宜通知案件参加人

申诉审法院应将关于将申诉状、抗诉书连同案卷一并移送申诉审法院开庭审理的裁定的副本以及申诉状、抗诉书的副本递交案件参加人。确定在申诉审法院开庭审理申诉状、抗诉书的时间应考虑让案件参加人出庭的可能性。

第 390-12 条　俄罗斯联邦最高法院审判庭审理申诉、抗诉的程序

1. 俄罗斯联邦最高法院审判庭开庭审理申诉、抗诉，应由三名法官组成

合议庭,其中一名法官担任审判长。

2. 案件参加人、申诉人、抗诉人和案件其他参加人、他们的代理人都应到庭。允许上述人依照本法典第155-1条规定的办法通过视频系统出庭。

3. 如果检察长是案件审理参加人,则俄罗斯联邦最高法院审判庭开庭时出庭的是俄罗斯联邦总检察长、副总检察长或根据他们的委托由检察机关的公职人员出庭。

4. 申诉人、抗诉人和案件其他参加人,如果已经以适当方式通知他们法庭审理的时间和地点而他们不到庭,不妨碍在他们缺席的情况下审理案件。

5. 俄罗斯联邦最高法院进行审理时,由一名参加该案审理的法官报告申诉状、抗诉书以及案情。

报告案情的法官叙述案情,对案件所作法院裁判的内容,申诉状、抗诉书所提出的向俄罗斯联邦最高法院审判庭进行申诉、抗诉的理由。

6. 本条第2款和第3款所列人员,如果出庭,则有权对案件作出说明。首先进行说明的是申诉人、抗诉人。

7. 俄罗斯联邦最高法院审判庭根据对申诉状、抗诉书连同案卷的审理结果作出裁定。

8. 关于俄罗斯联邦最高法院审判庭所作出的裁定,应该通知案件参加人。

第390-13条　俄罗斯联邦最高法院审判庭审理案件的范围

1. 俄罗斯联邦最高法院审判庭审查第一审法院、上诉审法院和申诉审法院所作出的法院裁判的合法性,以申诉状、抗诉书提出的理由为限,确定在作出被申诉、抗诉的法院裁判时对实体法规范和诉讼法规范的适用和解释是否正确。

2. 俄罗斯联邦最高法院出于合法性考虑可以超出申诉状、抗诉书提出的理由。但是,法院无权审查没有被提出申诉、抗诉的那部分法院裁判的合法性以及没有被提出申诉、抗诉的法院裁判的合法性。

第390-14条　俄罗斯联邦最高法院审判庭通过申告程序变更或撤销法院裁判的根据

俄罗斯联邦最高法院审判庭通过申告程序变更或撤销法院裁判的根据是严重违反实体法规范和(或)程序法规范,从而影响了案件的结局,而不予以排除便不可能恢复和维护受到侵犯的权利和合法利益以及维护法律所保护的公共利益。

第 390-15 条　俄罗斯联邦最高法院审判庭的权限

1. 根据对申诉、抗诉案件的审理结果,俄罗斯联邦最高法院审判庭有权:

(1)维持第一审法院、上诉审法院和(或)申诉审法院的裁判,驳回申诉、抗诉。

(2)完全或部分变更第一审法院、上诉审法院和(或)申诉审法院的裁判并将案件发还有关法院重审。在将案件发还重审时,法院可以指出重审时法官必须更换。

(3)完全或部分撤销第一审法院、上诉审法院和(或)申诉审法院的裁判,对申请不予审理或终止案件的诉讼。

(4)维持对案件所作出的某一法院裁判的效力。

(5)如果原审法院在适用实体法规范和(或)程序法规范方面有错误,则变更或撤销第一审法院、上诉审法院和(或)申诉审法院的裁判并作出新的法院裁判而不将案件发回重审。

(6)如果存在本法典第 390-6 条第 1 款第 1 项至第 3 项规定的情形,则对申诉状、抗诉书不予实体审理。

(7)如果在将申诉状、抗诉书移送申诉审法院审理后又收到要求退还或撤回申诉状、抗诉书的申请,则终止对申诉状、抗诉书的审理。

2. 俄罗斯联邦最高法院审判庭无权确定或认为第一审法院、上诉审法院没有确认的或已经推翻的情况得到证明,无权预判某一证据可靠或不可靠、一些证据优先于另一些证据的问题,无权决定案件重审时应该作出何种法院裁判。俄罗斯联邦最高法院审判庭不接受补充证据。

3. 俄罗斯联邦最高法院审判庭的关于解释法律的指示对重新审理案件的法院具有强制力。

第 390-16 条　俄罗斯联邦最高法院审判庭的裁定

1. 俄罗斯联邦最高法院审判庭的裁定应该指出:

(1)作出裁定的法院的名称和法庭组成人员;

(2)第一审法院编制的案件号,作出裁定的日期和地点;

(3)被作出裁定的案件;

(4)要求对案件进行再审的申诉人、抗诉人的姓名;

(5)作出将申诉状、抗诉书连同案卷移送到申诉审法院开庭重审的裁定的法官姓名；

（6）出庭人员的姓名及其权限；

（7）被申诉、抗诉的法院裁判的内容；

（8）法院根据申诉状、抗诉书审理结果得出的结论；

（9）法院得出自己结论的理由并援引法院所遵循的法律。

2. 在驳回申诉状、抗诉书时，必须指出驳回的理由。

3. 俄罗斯联邦最高法院审判庭根据对申诉状、抗诉书的审理结果所作出的裁定的副本应在作出最终形式裁定之日起的 5 日内发送给案件参加人。

第 390-17 条　俄罗斯联邦最高法院审判庭就申诉状、抗诉书审理结果所作裁定的生效

俄罗斯联邦最高法院审判庭就申诉状、抗诉书审理结果作出的裁定自作出之日起生效。

第 391 条　申诉审法院裁决或裁定的生效（失效）

（本条由 2018 年 11 月 28 日第 451 号联邦法律删除）

第四十一·一章　监督审法院的诉讼程序

第 391-1 条　通过监督程序对法院裁判进行再审

1. 对本条第 2 款所列已经发生法律效力的法院裁判,可以根据案件参加人或其权利、自由和合法利益因法院裁判而受到侵害的其他人提出的申诉,通过监督程序由俄罗斯联邦最高法院主席团进行再审。

2. 对下列法院裁判向俄罗斯联邦最高法院主席团提出申诉:

(1)(失效)

(本项由 2018 年 11 月 28 日第 451 号联邦法律删除)

(2)(失效)

(本项由 2018 年 11 月 28 日第 451 号联邦法律删除)

(3)俄罗斯联邦最高法院作为第一审法院作出的已经发生法律效力的判决和裁定,如果这些判决和裁定是上诉审理的对象;

(4)俄罗斯联邦最高法院申告庭的裁定;

(5)(失效)

(本项由 2018 年 11 月 28 日第 451 号联邦法律删除)

(6)俄罗斯联邦最高法院民事审判庭、俄罗斯联邦最高法院军事审判庭通过申诉程序作出的裁定。

3. 如果检察长参加了案件的审理,则俄罗斯联邦总检察长和副总检察长有权向俄罗斯联邦最高法院主席团提出抗诉,要求对本条第 2 款所列法院裁判进行再审。

第 391-2 条　提出监督审申诉状、抗诉书的程序和期限

1. 监督审申诉状、抗诉书直接向俄罗斯联邦最高法院提交。

2. 对本法典第 391-1 条第 2 款所列法院裁判,可以通过监督程序在法院裁判生效之日起的 3 个月内提出监督申诉、抗诉。

3. 递交监督审申诉状、抗诉书的期限由于法院认为正当的原因而迟

误的,根据利害关系人的申请,可以由俄罗斯联邦最高法院的法官予以恢复。

要求恢复迟误递交监督审申诉状、抗诉书期限的申请由俄罗斯联邦最高法院的法官依照本法典第112条规定的程序审理,不通知案件参加人。根据对该申请的审理结果,俄罗斯联邦最高法院的法官作出恢复迟误的递交监督审申诉状、抗诉书期限的裁定或者驳回请求的裁定。

4. 俄罗斯联邦最高法院院长、俄罗斯联邦最高法院副院长有权不同意本条第3款所列俄罗斯联邦最高法院法官的裁定,而作出驳回要求恢复迟误的提交监督审申诉状、抗诉书期限的裁定或者恢复该期限的裁定。

第391-3条　监督审申诉状、抗诉书的内容

1. 申诉状、抗诉书应该包括以下内容:

(1)接受监督审申诉状或抗诉书的法院的名称;

(2)申诉人、抗诉人的姓名(名称),他的住所地或地址,他的诉讼地位;

(3)其他案件参加人的姓名(名称)、住所地或地址;

(4)第一审法院、上诉审法院或申诉审法院所作出判决的内容;

(5)第一审法院编制的案件号,被提出申诉、抗诉的法院裁判;

(6)要求通过监督程序对法院裁判进行再审的根据并举出证明上述根据的理由;

(7)申诉人、抗诉人的请求。

2. 未参加案件的人提出的申诉状应该指出,已经发生法律效力的法院判决侵害了本人的哪些权利、自由和合法利益。

3. 监督审申诉状应该由申诉人或其代理人签字。由代理人提出申诉的,应附具委托书或证明代理人权限的其他文件。监督审抗诉书应该由俄罗斯联邦总检察长或副总检察长签字。

4. 监督审申诉状、抗诉书应附具经原判法院认证的就该案所作裁判的复印件。

5. 监督审申诉状或抗诉书提交时,还应按照案件参加人的人数提交复印件。

6. 监督审申诉状应该附具证明已经在法律规定的情况下按法律规定的程序和数额交纳国家规费的凭证或者交纳国家规费优惠权的证明文件,或者关于缓交、分期交纳或减少国家规费的法院裁决。

第 391-4 条　退还监督审申诉状、抗诉书不予实体审理

1. 有下列情形之一的,监督审申诉状、抗诉书退还不予实体审理:

(1)监督审申诉状、抗诉书不符合本法典第 391-3 条第 1 款第 1 项至第 5 项和第 7 项以及第 3 款至第 6 款的要求;

(2)提出监督审申诉或抗诉的人没有向监督审法院提出申诉或抗诉的权利;

(3)通过监督程序对法院裁判提出申诉、抗诉的期限已经届满,监督审申诉状、抗诉书又不包含要求恢复此期限的申请或者要求恢复此期限的申请被驳回;

(4)已经收到退还或撤回申诉、抗诉的请求;

(5)监督审申诉状、抗诉书是对本法典第 391-1 条第 2 款以外的法院裁判提出的。

监督审申诉状、抗诉书的提出违反本法典第 391-1 条第 2 款规定的管辖规则。

2. 监督审申诉状、抗诉书应该在监督审法院收到之日起的 10 日内发还而不予进行实体审理。

第 391-5 条　监督审申诉状、抗诉书的审理

1. 依照本法典第 391-1 条至第 391-3 条的规则提交的监督审申诉状、抗诉书由俄罗斯联邦最高法院的法官进行审查。

俄罗斯联邦最高法院的法官根据监督审申诉状、抗诉书所附具的材料或者根据所调取的案件材料审查监督审申诉状、抗诉书。在调取案件材料时,法官有权作出裁定,中止法院判决的执行直至申诉审法院的诉讼终结,如果监督审申诉状、抗诉书或其他申请书中提出相关要求。

要求中止执行法院裁判的申请,依照俄罗斯联邦立法使用可靠强化电子签名的,可以通过在法院官网上填写表格的方式提交。

2. 根据对监督审申诉状或抗诉书的审查结果,俄罗斯联邦最高法院的法官作出以下裁定之一:

(1)在没有根据对法院裁判通过监督程序进行再审时,拒绝将监督审申诉状、抗诉书移送俄罗斯联邦最高法院主席团开庭审理;在这种情况下,监督审申诉状、抗诉书以及被申诉的法院裁判的副本留置在监督审法院。

(2)将监督审申诉状、抗诉书连同案卷一并移送俄罗斯联邦最高法院主席团开庭审理。

3. 俄罗斯联邦最高法院院长、俄罗斯联邦最高法院副院长有权不同意俄罗斯联邦最高法院法官关于拒绝将监督审申诉状、抗诉书移送俄罗斯联邦最高法院主席团开庭审理的裁定,而在递交监督审申诉状、抗诉书的期限届满之前作出将监督审申诉状、抗诉书连同案卷一并移送俄罗斯联邦最高法院主席团开庭审理的裁定。俄罗斯联邦最高法院审理这些监督审申诉状、抗诉书的时间不计入该期限。

第 391-6 条 监督审申诉、抗诉的审理期限

1. 在俄罗斯联邦最高法院,如果不调取案卷,则监督审申诉、抗诉应在不超过 2 个月的期限内审理,自案卷调取之日起至俄罗斯联邦最高法院收到案卷之日的期间不计算在内。

2. 在调取案件的情况下,俄罗斯联邦最高法院院长、副院长考虑案件的复杂程度,可以延长审理监督审申诉、抗诉的期限,但延长的时间不得超过 2 个月。

第 391-7 条 拒绝将监督审申诉状、抗诉书移送俄罗斯联邦最高法院主席团开庭审理的裁定

关于拒绝将监督审申诉状、抗诉书移送俄罗斯联邦最高法院主席团开庭审理的裁定应该包括以下内容:

1. 第一审法院编制的案件号;作出裁定的日期和地点。

2. 作出裁定的法官的姓名。

3. 监督审申诉人、抗诉人的姓名(名称)。

4. 被提出监督审申诉、抗诉的法院裁判。

5. 拒绝将监督审申诉状、抗诉书移送俄罗斯联邦最高法院主席团开庭审理的理由。

第 391-8 条 将监督审申诉状、抗诉书移送俄罗斯联邦最高法院主席团开庭审理的裁定

1. 关于将监督审申诉状、抗诉书移送俄罗斯联邦最高法院主席团开庭审理的裁定应该包括以下内容:

(1)第一审法院编制的案件号;作出裁定的日期和地点。

(2)作出裁定的法官的姓名。

(3)监督审申诉人、抗诉人的姓名(名称)。

(4)被提出监督审申诉、抗诉的法院裁判。

(5)叙述作出法院裁判的案件的内容。

（6）叙述将监督审申诉状、抗诉书连同案卷一并移送俄罗斯联邦最高法院主席团开庭审理的根据。

（7）作出裁定的法官的建议。

2. 俄罗斯联邦最高法院的法官将监督审申诉状、抗诉书连同他所作出的裁定以及案件材料一并移送俄罗斯联邦最高法院主席团。

第 391-9 条　通过监督程序撤销或变更法院裁判的根据

俄罗斯联邦最高法院主席团如果在通过监督程序审理案件时确认被申诉、抗诉的法院裁判存在以下违法事实之一，本条第 391-1 条第 2 款所列法院裁判应该予以撤销或变更：

（1）侵害了受宪法、公认的国际法原则和准则、俄罗斯联邦签署的国际条约所保障的公民的权利、自由和合法利益；

（2）侵害了不定范围人群的权利和合法利益或其他公共利益；

（3）违反了法院解释与适用法律的一致性。

第 391-10 条　俄罗斯联邦最高法院主席团开庭审理监督审申诉状、抗诉书以及案卷的程序和期限

1. 俄罗斯联邦最高法院主席团根据俄罗斯联邦最高法院法官关于将监督审申诉状、抗诉书连同案卷移送俄罗斯联邦最高法院主席团开庭审理的裁定受理案件。

2. 俄罗斯联邦最高法院主席团应将关于监督审申诉状、抗诉书连同案卷移送俄罗斯联邦最高法院主席团开庭审理的裁定的副本以及监督审申诉状、抗诉书的副本送交案件参加人。

俄罗斯联邦最高法院主席团审理案件的时间和地点应依照本法典第十章的规则通知案件参加人。案件参加人已经收到关于俄罗斯联邦最高法院主席团审理案件的时间和地点的通知而不到庭的，不妨碍通过监督审程序审理案件。

3. 作出将监督审申诉状、抗诉书移送俄罗斯联邦最高法院主席团开庭审理的裁定的俄罗斯联邦最高法院院长、副院长，不得参加俄罗斯联邦最高法院主席团对该案监督审申诉状、抗诉书的审理。

4. 俄罗斯联邦最高法院主席团应在法官作出裁定之日起的 2 个月内审理案件的监督审申诉、抗诉。

5. 案件参加人、他们的代理人及在被申诉、抗诉法院裁判涉及其权利和合法利益时提出监督审申诉状、抗诉书的其他人可以出庭。允许上述人依照

本法典第 155-1 条规定的程序利用视频系统参加审判庭。

俄罗斯联邦最高法院主席团通过监督程序审理时,如果检察长曾是案件参加人,则俄罗斯联邦总检察长或一名副总检察长可以出庭。

6. 俄罗斯联邦最高法院主席团通过监督程序审理的案件申诉、抗诉,由俄罗斯最高法院的法官进行报告。

7. 进行报告的法官叙述案情、对该案所作法院裁判的内容、监督审申诉状、抗诉书中提出的在俄罗斯联邦最高法院主席团进行审理的理由。

8. 本条第 4 款所列人员,如果到庭,有权对案件作出解释。第一个进行解释的是监督审申诉人、抗诉人。

9. 根据对案件监督审申诉、抗诉的审理结果,俄罗斯联邦最高法院主席团作出裁决。

10. 在通过监督程序审理申诉、抗诉时,所有问题按多数票决定。赞成案件再审与反对再审的票数相等时,申诉、抗诉视为被驳回。

11. 关于俄罗斯联邦最高法院主席团所作的裁决,应通知案件参加人。

第 391-11 条　根据俄罗斯联邦最高法院院长或俄罗斯联邦最高法院副院长的提请通过监督程序对法院裁判进行再审

1. 俄罗斯联邦最高法院院长或俄罗斯联邦最高法院副院长根据利害关系人的申诉或者根据检察长的抗诉,有权向俄罗斯联邦最高法院主席团提请通过监督程序对法院裁判进行再审,以便排除对实体法规范或诉讼法规范根本性的违反,如果这些违反影响法院裁判的合法性和使有争议的实体法关系或诉讼法关系参加人丧失实现本法典所保障权利的可能性,包括丧失参加诉讼的权利、要求在辩论制双方平等基础上进行公正法庭审理的权利或者使上述权限受到重大限制。

2. 本条第 1 款所指的监督审申诉或抗诉,可以在被申诉法院裁判发生法律效力之日起的 6 个月内提出。

2-1. 递交本条第 1 款所列监督审申诉状、检察长抗诉书的期限迟误的,可以依照本法典第 391-2 条第 3 款和第 4 款规定的程序予以恢复。

3. 根据俄罗斯联邦最高法院院长或俄罗斯联邦最高法院副院长提请再审的案件,由俄罗斯联邦最高法院主席团依照本法典第 391-10 条规定的程序审理。

4. 提请案件再审的俄罗斯联邦最高法院院长或俄罗斯联邦最高法院副院长,不得参加俄罗斯联邦最高法院主席团对该案的审理。

第 391-12 条   俄罗斯联邦最高法院主席团在通过监督程序对法院裁判进行再审时的权限

1. 俄罗斯联邦最高法院主席团在通过监督程序审理申诉、抗诉后有权：

（1）维持第一审法院、上诉审法院或申诉审法院的裁判,驳回申诉、抗诉。

（2）完全或部分撤销第一审法院、上诉审法院或申诉审法院的裁判,并将案件发回有关法院进行重新审理;在将案件发回重新审理时,俄罗斯联邦最高法院主席团应指出重新审理时必须全部变更法庭组成人员。

（3）完全或部分撤销第一审法院、上诉审法院或申诉审法院的裁判,对申请不予审理或者终止案件诉讼。

（4）维持对案件所作某一项法院裁判的效力。

（5）在发现对实体法规范的适用和（或）解释的错误时,撤销或变更第一审法院、上诉审法院或申诉审法院的裁判,并作出新的裁判,而不将案件发回进行重新审理。

（6）如存在本法典第 379-4 条所列根据,对申诉、抗诉不进行实体审理。

2. 通过监督程序审理案件时,俄罗斯联邦最高法院主席团应以申诉、抗诉的理由为限审查原审法院适用实体法规范和诉讼法规范的正确性。为了维护法制,俄罗斯联邦最高法院主席团有权超出监督审申诉、抗诉理由的范围。在这种情况下,俄罗斯联邦最高法院主席团无权审查被申诉、抗诉的法院裁决中没有被申诉、抗诉的部分的合法性,也无权审查未被申诉、抗诉的法院裁判的合法性。俄罗斯联邦最高法院主席团在通过监督程序审理案件时,无权确定未被第一审法院、上诉审法院确定的案情或被第一审法院、上诉审法院推翻的案情或认为上述案情已经得到证明,不得预断某一证据真实可信或者不真实可信或者一些证据优先于另一些证据,也无权决定在重新审理案件时应该作出何种裁判。

3. 俄罗斯联邦最高法院主席团的裁决由俄罗斯联邦最高法院主席团法庭的审判长签字。

4. 俄罗斯联邦最高法院主席团关于法律解释的指示对该案的再审法院具有强制力。

第 391-13 条   俄罗斯联邦最高法院主席团裁决的内容

俄罗斯联邦最高法院主席团的裁决应该包括以下内容：

1. 作出裁决的法院名称和法庭组成人员。

2. 第一审法院编制的案件号,作出裁决的日期和地点。

3. 被裁决的案件。

4. 监督审申诉人、抗诉人的姓名(名称)。

5. 作出关于将监督审诉状、抗诉书连同案卷移送俄罗斯联邦最高法院主席团开庭审理的裁定的法官的姓名。

6. 被申诉、抗诉的法院裁判的内容。

7. 俄罗斯联邦最高法院主席团根据申诉、抗诉的审理结果所得出的结论。

8. 俄罗斯联邦最高法院主席团得出结论的理由,所遵循的法律条款。

第391-14条　俄罗斯联邦最高法院主席团的裁决发生法律效力

俄罗斯联邦最高法院主席团的裁决自作出之日起发生法律效力,不得对它提出申诉或抗诉。

第四十二章　根据新发现的情节或新的情节对已经发生法律效力的法院裁判进行再审

第 392 条　（根据新发现的情节或新的情节）对已经发生法律效力的法院裁判进行再审的根据

1. 对已经发生法律效力的法院裁判,可以根据新发现的情节或新的情节进行再审。

2. 对已经发生法律效力的法院裁判进行再审的根据是:

(1)新发现的情节——本条第 3 款所列出的、法院裁判作出之前存在的对案件有重要意义的情节;

(2)新的情节——本条第 4 款所列出的、在法院裁判作出之后发生的对正确解决案件具有重大意义的情节。

3. 新发现的情节包括:

(1)申请人过去不知道也不可能知道的重大案情;

(2)证人故意作虚假证言、鉴定人故意作虚假鉴定结论、翻译人员故意作不正确的翻译、伪造证据等导致作出了非法的或没有根据的法院裁判,而且上述事实由已经发生法律效力的刑事判决所确认;

(3)当事人、案件其他参加人、他们的代理人以及法官在该案审理和解决时实施犯罪并且犯罪事实被已经发生法律效力的刑事判决所确认。

4. 新的情节包括:

(1)普通法院或仲裁法院的裁判、国家权力机关、地方自治机关的决定被撤销,而这些裁判或决定曾是对本案作出法院裁判的根据;

(2)已经发生法律效力的普通法院或仲裁法院的裁判认定法律行为无效,而该法律行为曾导致对本案作出非法的或没有根据的法院裁判;

(3)俄罗斯联邦宪法法院认定具体案件中所适用的法律不符合《俄罗斯

联邦宪法》，申请人就据此作出的判决向俄罗斯联邦宪法法院提出告诉；

（4）欧洲人权法院确认法院在具体案件的审理时违反《人权与基本自由保护公约》的规定，申请人就判决的作出向欧洲人权法院提出告诉；

（5）俄罗斯联邦最高法院主席团因要求通过监督程序对案件进行再审所作的裁判，或者俄罗斯联邦最高法院主席团根据通过监督程序对案件的再审结果所作的裁判，或者俄罗斯联邦最高法院全体会议的裁决确定（变更）了法院在具体案件中所适用法律规范的实践；

俄罗斯联邦最高法院主席团的裁决中由于受理对具体案件提出通过监督程序进行再审的申请，或者根据俄罗斯联邦最高法院主席团通过监督程序审理其他案件的结果作出的裁决，或者在俄罗斯联邦法院全体会议的裁决中确定（变更）了法院在具体案件中适用法律规范和实践；

（6）联邦法律规定或变更认定楼房、构筑物或其他建筑物为违章建筑的根据，成为法院作出拆除违章建筑裁判的根据。

第 393 条　根据新发现的情节或新的情节对法院裁判进行再审的法院

根据新发现的情节和新的情节对已经发生法律效力的裁判由原判法院进行再审。对上诉审或申诉审法院或监督审法院的裁判，如果根据它们变更了原法院裁判或作出了新的裁判，则由改判或作出新判决的法院进行再审。

第 394 条　要求根据新发现的情节或新的情节对法院裁判进行再审的申请、抗诉的提出

1. 要求根据新发现的情节或新的情节对法院裁判进行再审的申请、抗诉，由当事人、检察长、案件其他参加人向原判法院提出。这种申请、抗诉可以在出现、发现对法院裁判进行再审根据的情况之日起的 3 个月内提出；如果发现本法典第 392 条第 4 款第 5 项规定的情况，则在自俄罗斯联邦最高法院全体会议裁决、俄罗斯联邦最高法院主席团裁决在俄罗斯联邦最高法院官网上公布之时起的 3 个月内提出。

2. 如果存在本法典第 392 条第 4 款第 5 项规定情况是在审理申诉状、抗诉书或监督审申诉状、抗诉书时发现的，递交请求根据新发现的情节或新的情节对法院裁判进行再审的申请的 3 个月期限自收到驳回将申诉状、抗诉书移送申诉审法院进行审理的裁定的副本、驳回将监督审申诉状、抗诉书移送俄罗斯联邦最高法院审判庭开庭审理的裁定的副本之日起计算。

第 395 条　提出要求根据新发现的情节或新的情节对法院裁判进行再审的申请、抗诉的期限的计算

提出要求根据新发现的情节或新的情节对法院裁判进行再审的申请、抗诉的期限的计算办法如下：

1. 在本法典第 392 条第 3 款第 1 项规定的情况下——自发现重大情节之时起计算。

2. 在本法典第 392 条第 3 款第 2 项和第 3 项规定的情况下——自法院刑事判决发生法律效力之日起计算。

3. 在本法典第 392 条第 4 款第 1 项规定的情况下——自撤销被再审的法院裁决所依据的原来法院裁判或国家机关、地方自治机关的决议的法院裁判生效之日起计算；或者被再审的法院裁判所依据的国家机关或地方自治机关新通过决议之日起计算。

4. 在本法典第 392 条第 4 款第 2 项规定的情况下——自法院裁判生效之日起计算。

5. 在本法典第 392 条第 4 款第 3 项规定的情况下——自俄罗斯联邦宪法法院相关裁决生效之日起计算。

6. 在本法典第 392 条第 4 款第 4 项规定的情况下——自欧洲人权法院的相关裁判生效之日起计算。

7. 在本法典第 392 条第 4 款第 5 项规定的情况下——自俄罗斯联邦最高法院全体会议裁决、俄罗斯联邦最高法院主席团决议公布之日起计算。

第 396 条　要求根据新发现的情节或新的情节对法院裁判进行再审的申请、抗诉的审理

法院应开庭审理要求根据新发现的情节或新的情节对法院裁判进行再审的申请、抗诉。应将开庭时间和地点通知案件当事人、检察长、案件其他参加人，但他们不到庭不妨碍申请、抗诉的审理。允许上述人员依照本法典第 155-1 条规定的程序利用视频系统参加法庭审理。

第 397 条　关于根据新发现的情节或新的情节对法院裁判进行再审的法院裁定

1. 法院在审理要求根据新发现的情节或新的情节对法院裁判进行再审的申请、抗诉后，满足申请、抗诉要求并撤销法院裁判，或者驳回要求再审的申请、抗诉。

2. 对第一审法院关于满足或驳回根据新发现的情节或新的情节对法院裁判进行再审的申请、抗诉的裁定，可以提出上诉，检察长可以提出抗诉。

3. 如果法院裁判被撤销，则案件根据本法典规定的规则进行审理。

第五编　涉外案件的诉讼程序

第四十三章　一般规定

第 398 条　外国人的诉讼权利和义务

1. 外国公民、无国籍人、外国组织、国际组织（下称外国人）有权向俄罗斯联邦法院提出请求，以维护自己受到侵犯或被提出争议的权利、自由和合法利益。

2. 外国人享有与俄罗斯联邦公民和组织同等的诉讼权利和承担同等的诉讼义务。

3. 涉外案件的诉讼程序依照本法典和其他联邦法律进行。

4. 如果外国法院限制俄罗斯联邦公民和组织的诉讼权利，则俄罗斯联邦政府可以对该国的公民和组织规定对等的限制。

第 399 条　外国公民、无国籍人的民事诉讼权利能力和行为能力

1. 外国公民、无国籍人的民事诉讼权利能力依其属人法。

2. 外国公民的属人法是其国籍所在国法。如果公民在具有俄罗斯联邦国籍的同时，还具有外国国籍，则他的属人法是俄罗斯法。如果一个公民有多重国籍，则其属人法是其住所地国法。

3. 如果外国公民在俄罗斯联邦有住所地，则他的属人法是俄罗斯法。

4. 无国籍人的属人法是其住所地国法。

5. 依照其属人法不具有诉讼行为能力的人，如果依照俄罗斯法他具有诉讼行为能力，则在俄罗斯联邦境内可以被认为具有诉讼行为能力。

第 400 条　外国组织和国际组织的诉讼权利能力

1. 外国组织的属人法是组织成立地国法。根据属人法确定外国组织的诉讼权利能力。

2. 依照其属人法不具有诉讼权利能力的外国组织，在俄罗斯联邦境内

可以依照俄罗斯法被认为具有诉讼权利能力。

3. 国际组织的诉讼权利能力依照设立该组织的国际条约、它的设立文件或与俄罗斯联邦主管机关的协定确定。

第 401 条　对外国国家和国际组织的诉讼　外交豁免权

1. 在俄罗斯联邦签署的国际条约和联邦法律规定的范围内,国际组织在民事案件中应受俄罗斯联邦法院的管辖。

2. 放弃司法豁免权应该依照国际组织规则规定的程序进行。在这种情况下,法院依照本法典规定的程序审理案件。

3. 在民事案件中,派驻俄罗斯联邦的外国国家的代表机构、俄罗斯联邦签署的国际条约或联邦法律所列其他人员,在公认的国际法原则和准则或俄罗斯联邦签署的国际条约规定的限度内,受俄罗斯联邦法院的管辖。

第四十四章　俄罗斯联邦法院对涉外案件的审判管辖

第 402 条　审判管辖规则的适用

1. 如果本章的规则没有不同规定,则涉外案件的审判管辖根据本法典第三章的规则确定。

2. 如果涉外案件的被告人是设立在俄罗斯联邦境内的组织或在俄罗斯联邦有住所地的公民,则俄罗斯联邦的法院审理该涉外案件。

3. 有下列情形之一的,俄罗斯联邦法院有权审理涉外案件:

(1)外国人的管理机关、分支机构或代表机构设在俄罗斯联邦境内;

(2)被告人有财产在俄罗斯联邦境内和(或)在互联网发布广告以吸引俄罗斯联邦境内消费者的注意;

(3)追偿扶养费或确定父亲身份的案件,而原告人在俄罗斯联邦有住所地的;

(4)因致残、其他健康损害或供养人死亡的损害赔偿案件,而损害发生在俄罗斯联邦境内,或者原告人在俄罗斯联邦境内有住所地的;

(5)损害赔偿案件,而财产损失及作为提出损害赔偿请求根据的行为或其他情况发生在俄罗斯联邦境内的;

(6)诉讼因合同而发生,而根据合同应该或者已经完全或部分在俄罗斯联邦境内履行的;

(7)因俄罗斯联邦境内发生的不当得利而产生的诉讼;

(8)离婚案件,而原告人在俄罗斯联邦有住所地或者即使夫妻一方为俄罗斯联邦公民的;

(9)维护名誉、人格和商业信誉案件,而原告人在俄罗斯联邦有住所地的;

(10)维护个人信息主体权利的案件,包括赔偿损失和(或)补偿精神损害的案件,原告人在俄罗斯联邦有住所地的;

（11）终止发放互联网信息搜索引擎的案件,原告人在俄罗斯联邦有住所地的。

第 403 条　涉外案件的专属管辖

1. 归俄罗斯联邦法院专属管辖的有:

（1）关于俄罗斯联邦境内的不动产权利的案件;

（2）因运送合同而发生的争议,如果承运人在俄罗斯联邦境内;

（3）俄罗斯联邦公民与外国公民或无国籍人的离婚案件,如果夫妻双方均居住在俄罗斯联邦境内;

（4）（失效）

（本项由 2015 年 3 月 8 日第 23 号联邦法律删除）

2. 有下列情况之一的,俄罗斯联邦法院审理特别程序案件:

（1）确认法律事实的案件中,申请人居住在俄罗斯联邦境内,或者必须确认的事实曾经或正在俄罗斯联邦境内发生的;

（2）在收养、限制公民行为能力或认定公民无行为能力、宣告未成年人具有完全行为能力等申请中,申请所涉及的对象是俄罗斯联邦公民或者居住在俄罗斯联邦的;

（3）申请被认定失踪或宣告死亡的公民是俄罗斯联邦公民或者最后已知住所地在俄罗斯联邦,而且问题的解决将决定居住在俄罗斯联邦的公民、设立在俄罗斯联邦的组织的权利和义务的;

（4）要求认定俄罗斯联邦境内的物为无主财产或认定自治地方对俄罗斯联邦境内的无主不动产享有所有权的;

（5）要求认定由居住在俄罗斯联邦境内的公民出具的或发给居住在俄罗斯联邦境内的公民的已遗失无记名有价证券或凭证式有价证券无效以及要求恢复上述有价证券权利的申请(公示催告程序)的。

第 404 条　涉外案件的协议管辖

1. 在涉外案件中,双方当事人有权在法院受理案件前达成变更案件审判管辖的协议(管辖协议)。

2. 本法典第 26 条、第 27 条、第 30 条和第 403 条规定的涉外案件的审判管辖,不得根据当事人的协议变更。

第 405 条　案件审理地不变

俄罗斯联邦法院遵守管辖规则受理的案件,应由俄罗斯联邦法院进行实体审理,即使由于当事人的国籍、住所地或所在地发生变更或发生其他情况而使案件应由其他国家法院审判管辖。

第 406 条　外国法院审理案件的诉讼后果

1. 如果就相同当事人、相同标的和相同理由的案件已经由外国法院作出了判决，而俄罗斯联邦签署的国际条约规定与该国相互承认和执行法院判决，则俄罗斯联邦法院应拒绝受理案件或终止案件的诉讼程序。

2. 如果外国法院的判决在俄罗斯联邦境内应予承认或执行，而就相同当事人、相同标的、相同理由的争议已经在外国法院提起诉讼，则俄罗斯联邦的法院应退还诉讼申请或对申请不予审理。

第 407 条　法院委托

1. 俄罗斯联邦的法院应执行依照俄罗斯联邦签署的国际条约或联邦法律规定的程序向他们送达的外国法院关于实施诉讼行为（送达通知和其他文件，听取当事人的解释、证人的陈述、鉴定结论，进行就地勘验等）的委托。

2. 有下列情形之一的，外国法院关于实施个别诉讼行为的委托不得执行：

（1）委托的执行可能损害俄罗斯联邦的主权或威胁俄罗斯联邦的安全；

（2）委托的执行不属于法院的权限。

3. 外国法院委托的执行依照俄罗斯法规定的程序进行，但俄罗斯联邦签署的国际条约有不同规定的除外。

4. 俄罗斯联邦的法院可以向外国法院提出关于实施个别诉讼行为的委托。俄罗斯联邦的法院与外国法院交往的程序由俄罗斯联邦签署的国际条约或联邦法律规定。

第 408 条　外国主管机关颁发、制作或证明的文件的承认

1. 外国主管机关在俄罗斯联邦境外依照外国法按规定格式颁发、制作或证明的涉及俄罗斯公民或组织或外国人的文件，如果经过认证，俄罗斯联邦的法院应予以接受，但俄罗斯联邦签署的国际条约或联邦法律有不同规定的除外。

2. 用外国语制作的文件，在提交给俄罗斯联邦的法院时，应同时提交经证明无误的俄文译文。

第四十五章 外国法院判决和外国仲裁院裁决的承认与执行

第 409 条 外国法院判决的承认与执行

1. 外国法院的判决,包括关于批准和解协议的判决,在俄罗斯联邦签署的国际条约有规定的情况下,在俄罗斯联邦境内予以承认和执行。

2. 外国法院的判决是指民事判决(但不包括经济争议案件和与从事经营活动和其他经济活动有关的其他案件)、刑事判决中关于犯罪所造成损害的赔偿部分。

3. 外国法院的判决可以在外国法院判决发生法律效力之日起的 3 个月内强制执行。因正当理由逾期的,期限可以按照本法典第 112 条规定的程序由法院予以恢复。

第 410 条 要求强制执行外国法院判决的申请

追偿人要求强制执行外国法院判决的申请,由债务人在俄罗斯联邦的住所地或所在地的共和国最高法院、边疆区法院、州法院、联邦直辖市法院、自治州法院或自治专区法院审理,而如果债务人在俄罗斯联邦没有住所地或所在地,或者下落不明,则由其财产所在地的上述法院审理。

第 411 条 要求强制执行外国法院判决的申请书的内容

1. 要求强制执行外国法院判决的申请书应该包括以下内容:

(1)追偿人的姓名,如果有代理人,还要包括其代理人的姓名,指出追偿及代理人的住所地,而追偿人是组织的,要指出其所在地;

(2)债务人的姓名、住所地,债务人是组织的,指出其所在地;

(3)追偿人关于准许强制执行判决的请求,或者判决须自何时起执行的请求。

申请书还可以指出其他内容,包括电话号码、传真号码、电子邮件地址,如果其为正确和及时解决案件之必需。

2. 申请书应附具俄罗斯联邦签署的国际条约规定的文件，如果国际条约对此没有规定，则应附具下列文件：

(1)申请批准强制执行的外国法院判决的副本，并须经外国法院证明无误；

(2)证明判决已经发生法律效力的官方文件，如果从判决本身不能得出这一结论；

(3)关于执行判决的文件，如果判决曾在有关外国境内执行过；

(4)说明以下事实的文件：对败诉方和未参加诉讼的一方已经及时地以适当方式通知了案件审理的时间和地点；

(5)本条第 1 款至第 3 款所列文件的经证明无误的俄文译文。

3. 要求强制执行外国法院判决的申请在公开审判庭审理，并应将开庭审理申请的时间和地点通知债务人。如法院知悉传票已经送达，而债务人没有正当理由不到庭，不妨碍申请的审理。如果债务人向法院提出改期审理的请求而法院认为这一请求是正当的，则法院应改期审理并将此情况通知债务人。

4. 在听取债务人的解释并审查所提交的证据后，法院不对外国法院判决进行实体重审，而作出强制执行外国法院判决的裁定或驳回申请的裁定。

5. 如果法院在解决强制执行问题时产生了怀疑，则法院可以要求提出强制执行外国法院判决申请的人作出解释，以及就申请的实质询问债务人并在必要时要求作出判决的外国法院作出说明。

6. 如果外国法院正在审理要求驳回或中止执行外国法院判决的申请，审理要求强制执行该判决的法院可以根据一方当事人的申请搁置要求强制执行外国法院申请的申请。

7. 在本条第 6 款规定的情况下，审理要求强制执行外国法院判决申请的法院，根据申请人的请求，可以责成另一方当事人依照本法典的规定提供应有的保全。

8. 在本条第 6 款规定的情况下，要求强制执行外国法院判决的申请被搁置，在外国法院审理要求撤销或终止强制执行外国法院判决的申请后，审理要求终止强制执行外国法院判决的申请的法院应考虑外国法院所作出的判决，依照俄罗斯联邦签署的国际条约和联邦法律审理上述申请。

9. 根据外国法院的判决和已经生效的关于强制执行该判决的法院裁定，向判决的胜诉方发出执行令。

第 412 条　驳回强制执行外国法院判决的申请

1. 有下列情形之一的,允许驳回强制执行外国法院判决的申请:

(1)依照原判国家的法律,判决并未发生法律效力或者不应该予以执行;

(2)案件审理时间和地点的通知没有及时和以适当方式送达败诉方,败诉方因而失去了参加诉讼的可能;

(3)案件的审理属于俄罗斯联邦法院专属管辖;

(4)俄罗斯联邦法院曾就相同当事人、相同标的和相同理由的争议作出过判决而且判决已经发生法律效力;或者就相同当事人、相同标的和相同理由的争议在外国法院提起案件前就已经在俄罗斯联邦的法院提起案件而且案件正在诉讼过程中;

(5)判决的执行可能损害俄罗斯联邦的主权或威胁俄罗斯联邦的安全,或者违反俄罗斯联邦的公共秩序;

(6)提交强制执行判决的期限已经届满,而且该期限没有根据追偿人的申请由俄罗斯联邦的法院予以恢复。

2. 如果俄罗斯联邦签署的国际条约未有不同规定,根据本条第 1 款第 3 项至第 6 项规定的理由,如果外国法院判决的败诉方不以上诉理由提出反对,则法院也可以驳回请求强制执行外国法院判决的申请。

3. 依照本条第 4 款作出的法院裁决的副本应在裁定作出之日起的 3 日内由法院发给追偿人和债务人。对于法院对强制执行外国法院判决案件的裁定,可以依照本法典规定的程序和期限向上级法院提出上诉。

第 413 条　外国法院判决的承认

1. 不需要强制执行的外国法院判决,如果利害关系人对此没有异议,则应予以承认,而不经任何继续程序。

2. 利害关系人在知悉已经收到外国法院判决之后,可以在 1 个月内在利害关系人住所地或财产所在地向共和国最高法院、边疆区法院、州法院、联邦直辖市法院、自治州法院或自治专区法院对承认这一判决提出异议。如果利害关系人在俄罗斯联邦没有所在地、住所地或没有财产,则可以向莫斯科市法院提出异议。

3. 利害关系人对承认外国法院判决的异议应在公开审判庭审理,并事先将审理异议的时间和地点通知利害关系人。如果法院知悉传票已经送达利害关系人,则利害关系人没有正当理由而不到庭的,不妨碍对异议的审理。如果利害关系人向法院提出改期审理异议的请求,而该请求被法院认为是正当的,则法院变更审理的时间并将此情况通知利害关系人。

4. 法院在审理对承认外国法院判决的异议之后作出有关裁定。

5. 法院裁定的副本应在作出裁定之日起的 3 日内送交在外国法院提出申请的人、他的代理人,以及对判决的承认提出异议的人。对法院裁定可以依照本法典规定的程序和期限向上级法院提出上诉。

第 414 条　驳回关于承认外国法院判决的申请

外国法院判决不应予以强制执行的,如果存在本法典第 412 条第 1 款第 1 项至第 5 项所列理由,则允许驳回承认外国法院判决的申请。

第 415 条　不需要继续诉讼的外国法院判决的承认

在俄罗斯联邦承认因为下列内容而不需要继续诉讼的外国法院判决:

关于原判法院所在国公民法律地位的判决;

关于俄罗斯公民和外国公民间的离婚和认定婚姻无效的判决,如果在案件审理时即使夫妻一方居住在俄罗斯联邦境外;

关于俄罗斯联邦公民间离婚或认定婚姻无效的判决,如果案件审理时夫妻双方均居住在俄罗斯联邦境外;

在联邦法律规定的其他情况下。

第 416 条　外国仲裁法院(仲裁院)裁决的承认与执行

1. 本法典第 411 条至第 413 条的规则,除第 411 条第 2 款、第 412 条第 1 款第 1 项至第 4 项和第 6 项外,均适用外国仲裁法院(仲裁院)的裁决。

2. 要求承认或执行外国仲裁法院(仲裁院)裁决的一方应该提交外国仲裁法院(仲裁院)裁决的原件或其以应有的方式验证无误的裁决复印件,以及仲裁协议的原件或其以应有方式验证无误的复印件。如果仲裁裁决或仲裁协议是用外国语叙述的,则该方应该提交上述文件经过认证无误的俄文译文。

第 417 条　驳回对外国仲裁法院(仲裁院)裁决的承认与执行

1. 有以下情形之一的,可以驳回外国仲裁法院(仲裁院)裁决的承认与执行:

(1)根据败诉方的请求,如果该方向被请求承认与执行的主管法院提交以下证据:

仲裁协议的一方当事人在某种程度上无行为能力或者根据双方服从的法律该协议无效,而在没有这种证据时,依照作出裁决的国家的法律该协议无效。

败诉方没有按应有的方式收到关于指定仲裁员或关于仲裁审理的通知，或者由于其他原因未能提交证据，或者裁决是就仲裁协议未规定或未列入仲裁协议条款的争议作出的，或者涉及仲裁协议范围外的问题。如果对仲裁协议范围内的问题是与仲裁协议外的问题分开裁决的，则对仲裁协议范围内问题的裁决可以被承认和执行。

仲裁庭组成人员或仲裁审理不符合仲裁协议，或者由于没有仲裁协议而仲裁法庭组成人员或仲裁审理不符合外国仲裁法院（仲裁院）所在国的法律。

裁决尚未对当事人产生强制力，或者已经由作出裁决的国家或依照其法律作出裁决的国家的法院撤销或中止其执行。

（2）如果法院确定，依照联邦法律争议不能成为仲裁审理的对象，或者外国仲裁法院（仲裁院）裁决的承认与执行与俄罗斯联邦的公共秩序相抵触。

2. 如果当事人向法院申请撤销外国仲裁法院（仲裁院）的裁决或中止其执行，则被要求承认与执行的法院认为必要时，可以推迟作出自己的判决。

3. 依照1993年7月7日第5338-1号《俄罗斯联邦国际商事仲裁法》对拒绝发出外国商事仲裁院裁决强制执行令规定的根据，可以拒绝承认和执行外国仲裁法院（仲裁院）的裁决，但俄罗斯联邦的国际条约有不同规定的除外。

第四十五·一章　有外国国家参加的案件的诉讼

第 417-1 条　有外国国家参加的案件的诉讼

1. 在俄罗斯联邦的法院对外国国家提起民事诉讼、追加外国国家作为被告人或第三人参加案件，扣押外国国家的财产，以及对这种财产采取其他保全措施，依照法院判决执行程序追偿这种财产，审理依照本法典规定的程序要求强制执行外国法院对外国国家在俄罗斯联邦境内财产的申请，应依照 2015 年 11 月 3 日第 297 号联邦法律《外国国家和外国国家在俄罗斯联邦财产的司法豁免法》规定的程序进行，但俄罗斯联邦的国际条约有不同规定的除外。

2. 有外国国家参加的民事案件依照民事诉讼法典按一般规则进行审理，但应遵守本章、本法典第四十三章和第四十四章以及其他联邦法律的特别规定。关于要求承认和强制执行外国法院对在俄罗斯联邦境内的外国国家财产判决的申请，由法院依照本法典第四十五章的程序进行审理，并考虑本章的特别规定。

3. 有外国国家参加的民事案件由法院在收到起诉状之日起的 9 个月内，期限届满之前审理和判决。

4. 本法典中"外国国家"这一概念的意义依照 2015 年 11 月 3 日第 297 号联邦法律《外国国家和外国国家在俄罗斯联邦财产的司法豁免法》的规定。

第 417-2 条　有外国国家参加的民事案件的管辖

1. 有外国国家参加的民事案件的管辖依照本法典第三章的规则确定。

2. 有外国国家参加的民事案件，除本法典第 25 条和第 27 条规定的案件外，由共和国最高法院、州法院、联邦直辖市法院、自治州法院和自治专区法院审理。

3. 对外国国家的诉讼向原告人住所地或所在地的法院提起。

4. 要求强制执行外国法院对外国国家在俄罗斯联邦境内财产的申请，由该财产所在地的法院审理。

第 417-3 条　外国国家的司法豁免、诉讼权利和义务代理

1. 依照 2015 年 11 月 3 日第 297 号联邦法律《外国国家和外国国家在俄罗斯联邦财产的司法豁免法》的规定，外国国家对自己和自己在俄罗斯联邦境内的财产享有司法豁免权。

2. 外国国家与俄罗斯联邦公民和组织享有平等的诉讼权利和承担平等的诉讼义务，包括通过代理人在法院办理自己案件诉讼的权利。外国国家代理人的权限应该在依照俄罗斯联邦立法和外国立法办理的委托书或外国国家颁发的其他相应文件中予以说明，还要考虑本法典第 408 条规定的要求。

3. 外国国家的代理人有权以他所代表的外国国家的名义实施本条第 4 款规定以外的所有诉讼行为，但被代理的外国国家颁发的委托书或其他相关文件有不同规定的除外。

4. 被代理的外国国家颁发的委托书或其他相关文件应该专门规定该外国国家的代理人的如下权利：应诉，承认诉讼请求，放弃司法豁免权、放弃诉讼保全措施豁免权、执行法院判决豁免权；提出反诉，变更反诉理由或反诉标的；订立和解协议；将自己的代理权移转给他人（转委托）；领取法院通知（包括法院裁判副本）；对法院的裁决、判决、裁定提出申诉；签字；递交要求根据新的情况或新发现的情况对法院裁判进行再审的申请；以及领取被判决的金钱和其他财产。

第 417-4 条　递交起诉状

1. 与外国国家的争议的起诉状和所附具的文件，应该符合本法典第 131 条和第 132 条的要求，递交起诉状和所附具文件的同时应该按照被告人和第三人的人数提交起诉状的所附具文件的复印件。

2. 与起诉状一起提交的还有起诉状和所附具文件译成参加诉讼的外国官方语言之一的翻译文本，译文应经过适当认证。

第 417-5 条　适用保全措施的特别规定

1. 根据案件参加人的申请，依照本法典第十三章规定的程序，由法院适用诉讼保全措施，但外国国家及其在俄罗斯联邦境内的财产享有诉讼保全措施豁免权而且外国国家不放弃此种豁免权的情形除外。

2. 如果在法院审理过程中发现，外国国家及其在俄罗斯联邦境内的财产享有不受保全措施的豁免权或者执行法院判决的豁免权,而外国国家不放弃相应的豁免权,则法院适用的诉讼保全措施应该撤销。

第 417-6 条　向外国国家发出或递交通知和其他诉讼文件

1. 向外国国家发出关于对它在俄罗斯联邦提起诉讼的通知以及其他应该递交外国国家的诉讼文件(下称法院通知),由法院依照可适用的俄罗斯联邦签署的国际条约进行。

2. 如果没有可以适用的俄罗斯联邦签署的国际条约,则法院应将法院通知送交联邦司法行政机关,以便通过在俄罗斯联邦国际关系领域制定和实现国家政策与规范性法律调整的联邦行政机关从外交渠道发送(递交)给外国国家。

3. 经过认证的外交照会的复印件,与给外国国家的法院通知一起递交给外国主管外交事务问题的机关,并将外国主管外交事务问题的机关收到照会的日期,送交发出法院通知的法院。外国主管外交事务问题机关收到外交照会的日期,被认为是收到法院通告的日期。

4. 俄罗斯联邦收到的外国国家通过外交渠道发来的涉及该外国提起的诉讼的复函、申请书以及其他文件,应由联邦司法部门主管机关发给正在办理对该外国的民事诉讼案件的法院。

5. 本条第 1 款至第 3 款所列法院通知,如果外国国家代表机构参加案件的诉讼并且享有相应权限,也可以由法院直接送交外国国家的代表机构,由收件人出具收条。

6. 关于指定预备庭或关于决定开庭审理案件的法院通知,应依照本条规定的程序,至少在开庭之日前 6 个月内发送给外国国家。

7. 应该送交外国国家的法院通知,同时应制作两份并由法院认证,同时发送的还有经过适当认证的译成参加案件的外国国家官方语言或官方语言之一的译文。

第 417-7 条　预备庭和终止案件诉讼的特别规定

1. 在依照本法典第 152 条进行的预备庭,法院在双方当事人参加的情况下还要解决外国国家在所审理争议上是否存在司法豁免权的问题。

2. 如果已经以适当方式通知了预备庭的时间和地点,外国国家的代表不到庭,则法院根据案件中现有的材料作出判决。

3. 如果根据案件中的现有材料法院不能在预备庭作出结论认为外国国家对所审理的争议是否享有司法豁免权,则该问题留待开庭时解决。

4. 法院已经确定的情况和法院关于外国国家享有司法豁免权、对诉讼保全享有豁免权和对执行法院判决享有豁免权的结论,应该在根据案件审理结果作出的法院裁判中有所反映。

5. 如果法院在预备庭或在开庭审理案件时得出结论认定外国国家享有司法豁免权,则法院应对外国国家终止案件的诉讼。

第 417-8 条　国家机关参加案件

1. 在俄罗斯联邦国际关系领域行使制定和实现国家政策及进行规范性法律调整的联邦行政机关,可以根据法院的提议或者自己主动参加案件,就俄罗斯联邦和俄罗斯联邦在国外的财产享有司法豁免权问题提出结论意见。

2. 可以就以下问题获得本条第 1 款所列俄罗斯联邦行政机关的结论:代表外国参加案件的机关、组织、公职人员的法律地位问题;对所审理的争议是否享有豁免权的问题;外国国家在俄罗斯联邦境内成为争议标的的财产是否享有豁免权的问题;财产对诉讼保全措施是否享有豁免权和对法院判决的执行是否享有豁免权的问题;在外国是否对俄罗斯联邦提供司法豁免权,豁免的范围有多大的问题;以及属于上述联邦行政管辖的其他问题。

3. 对本条第 1 款所列联邦行政机关的结论,法院应该依照本法典规定的证据评定规则进行评定。

第 417-9 条　对等原则的适用

1. 在审理诉讼的过程中,法院主动或根据一方当事人的申请,依照 2015 年 11 月 3 日第 297 号联邦法律《外国国家和外国国家在俄罗斯联邦财产的司法豁免权法》的规定,如果在法院审理过程中确认,外国国家提供给俄罗斯联邦的司法豁免权范围与俄罗斯联邦依法提供给该外国国家的司法豁免权不对等,则可在审理争议时对该外国国家可以适用对等原则。

2. 俄罗斯联邦在外国所享有的司法豁免权和外国在俄罗斯联邦所享有的司法豁免权的范围是否对等,由法院根据双方当事人提交的证据和国家机关的结论确定。

3. 在审理具体争议时,法院关于适用对等原则以及依照对等原则限制外国司法豁免权的说明理由的判决,还应在根据案件审理结果作出的判决中予以说明。

第 417-10 条　缺席判决

1. 外国国家作为案件被告人的,如果其代理人没有正当理由而不到庭

时,法院依照本法典第二十二章的规则并遵守以下条件时,有权在外国国家代理人缺席的情况下审理民事案件:

(1)依照本法典第 417-6 条的要求已经以适当方式将法院受理诉状、民事案件立案以及开庭的时间和地点通知了外国国家;

(2)自向外国国家送达立案文件之日起不少于 6 个月;

(3)外国国家未申请将开庭时间推迟到合理期限或者上述申请被法院驳回并说明理由。

2. 遵守本条第 1 款所规定的条件,在外国国家缺席的情况下根据民事案件审理结果,如果法院确定,依照俄罗斯联邦的立法,该外国国家对所审理的争议不享有司法豁免权,则法院可以对外国国家作出缺席判决。法院缺席判决的副本应在作出之日起的 5 日内由法院依照本法典第 417-6 条规定的程序送交。

3. 外国国家有权在依照本法典第 417-6 条规定的程序向它递交本条第 2 款所列法院缺席判决副本之日起的 2 个月内向作出该判决的法院提出要求撤销该判决的申请。

4. 双方当事人对法院的缺席判决也可以通过上诉程序在被告人提出撤销该法院判决的申请期限届满之日起的 1 个月内提出上诉,而如果已经递交上述申请,则在法院作出驳回申请的裁定之日起的 2 个月内提出上诉。

第 417-11 条　外国国家在法庭审理过程中的优先权与豁免权

1. 法院在审理有外国国家参加的民事案件时,对该外国不得科处诉讼罚金,对该外国也不得提出预付与审理案件有关的诉讼费的要求。

2. 本条第 1 款的规定不妨碍法院在根据案件实体审理结果作出判决的情况下依照本法典第七章向外国国家追偿诉讼费。

第 417-12 条　对外国国家执行法院判决的程序

根据对相关诉讼的审理结果或者根据要求承认与执行另一外国法院裁决申请的审理结果对外国国家及其在俄罗斯联邦境内的财产作出的法院裁定,依照俄罗斯联邦的执行程序立法进行。执行令和法院裁决的副本应送交俄罗斯联邦首席法警。同时,法院应依照本法典第 417-6 条规定的程序将法院裁决已经生效和已交付俄罗斯联邦首席法警执行的事宜通知外国国家。

第六编　与行使促进和监督公断庭职能有关的案件的诉讼程序

第四十六章　要求撤销公断庭裁决的案件的诉讼

第 418 条　要求撤销公断庭裁决

1. 对公断庭和国际商事仲裁院设立在俄罗斯联邦境内的仲裁点（公断庭）作出的裁决，公断审理的双方当事人以及公断庭裁决涉及其权利和义务的其他人可以依照本法典第 419 条提出要求撤销公断庭裁决的申请。如果公断庭裁决涉及因健康状况、年龄、无行为能力或其他正当原因而不能独立对公断庭裁决提出异议的人的权利和受法律保护的利益，则检察长也可以提出要求撤销公断庭裁决的申请。

2. 要求撤销公断庭裁决的申请应在申请方收到有关裁决之日起的 3 个月内向作出公断庭裁决的所在区域内的区法院提出，但俄罗斯联邦签署的国际条约、联邦法律有不同规定的除外。根据公断审理双方当事人的协议，要求撤销公断庭裁决的申请可以向公断审理一方当事人住所地或所在地的区法院提出。

3. 公断审理当事人以外的而公断庭裁决涉及其权利和义务的人以及本法典规定情况下的检察长，均有权在上述人知悉或应该知悉公断庭裁决之日起的 3 个月内向公断庭所在地的区法院提出要求撤销公断庭裁决的申请。

4. 提出要求撤销公断庭裁决的申请应交纳国家规费，数额与联邦法律对发出强制执行公断庭裁决的执行令规定的数额相同。

第 419 条　要求撤销公断庭裁决的申请书的形式和内容

1. 要求撤销公断庭裁决的申请以书面形式提出，并应由申请人或其代理人签字。

2. 要求撤销公断庭裁决的申请书应该指出：

（1）接受申请书的法院的名称；

（2）作出裁决的公断庭的组成人员,公断庭的所在地,管理仲裁审理的常设仲裁机构的名称,它的所在地(在有常设仲裁机构的情况下)；

（3）公断审理的双方当事人的名称、他们的住所地或地址；

（4）作出公断庭裁决的日期和地点；

（5）申请撤销仲裁裁决的一方收到裁决的日期,或者仲裁审理当事人以外的而公断审理裁决涉及其权利和利益的人知悉作出裁决的日期；

（6）申请人关于撤销公断庭裁决的请求和提出请求的理由。

3. 要求撤销公断庭裁决的申请书可以包含电话号码、传真号码、电子邮件地址和其他信息。

4. 要求公断庭裁决的申请书应该附具：

（1）由仲裁员签字并依照联邦法律发给仲裁审理当事人的公断庭裁决的复印件；

（2）关于公断审理协议的原件或以适当方式认证无误的复印件；

（3）用以说明公断庭裁决撤销根据的文件；

（4）证明已经按照联邦法律规定的程序和数额交纳国家规费的单证；

（5）要求撤销公断庭裁决的申请书复印件；

（6）证明申请书签字人权限的委托书或其他文件。

5. 本条第4款第1项和第2项中的仲裁审理当事人以外的而公断审理裁决涉及其权利和利益的人,有权在递交要求撤销公断庭裁决的申请书时一并提交任何证明作出该裁决的文件。

6. 要求撤销公断庭裁决的申请,违反本条要求递交的,应退回递交人或者依照本法典第135条和第136条予以搁置。

第 420 条　要求撤销公断庭裁决的申请的审理程序

1. 要求撤销公断庭裁决的申请在区法院收到申请之日起的1个月内按照本法典规定第一审法院审理案件的规则由法官独任审理,并应考虑本章的特别规定。

2. 在准备对要求撤销公断庭裁决的案件进行法庭审理时,根据案件当事人的申请,法院可以按照俄罗斯联邦立法,根据本法典规定的证据调取规则,从常设公断庭调取在区法院申请撤销其裁决的案件中的有关材料。

3. 如果要求撤销公断庭裁决的申请是公断审理当事人以外的而公断庭裁决涉及其权利和义务的人提出的,则在审理该申请时,法院必须传唤公断审理的所有当事人参加案件审理。

4. 在要求撤销公断庭裁决的案件中,应将开庭的时间和地点通知所有案件参加人。以适当方式将开庭时间和地点通知了上述人士而他们不到庭的,不妨碍案件的审理。

5. 如果提出要求撤销公断庭裁决申请的理由是公断审理的一方当事人未能按适当方式收到指定公断庭仲裁员或公断审理的通知,包括开庭的时间和地点的通知,或者由于其他正当原因而不能提交自己的解释,或者公断庭裁决是针对公断协议范围以外的争议作出的,或者公断庭组成人员不符合双方的公断协议或联邦法律,则法院有权根据公断审理一方当事人的申请中止要求撤销公断裁决申请的案件的诉讼,中止的期限不超过 3 个月,以便公断庭恢复公断审理和排除撤销公断裁决的理由。在恢复要求撤销公断裁决申请的诉讼后,法院审理要求撤销公断庭裁决的申请时应考虑公断庭为了排除公断庭裁决撤销理由所采取的行动。

6. 在审理案件时,法院开庭通过审查提交给法院的正反两方面的证据,从而确定存在还是不存在本法典第 421 条规定的撤销公断庭裁决的理由。但是法院无权对公断庭已经确定的情况进行重新评定,也无权对公断庭裁决进行实体再审。

第 421 条　撤销公断庭裁决的理由

1. 只有在本条规定的情况下,公断庭裁决才得被法院撤销。

2. 依照本条第 3 款和第 4 款规定的理由,公断庭裁决可以由法院撤销。如果申请撤销公断庭裁决的一方并未援引本条第 4 款所规定的理由,公断庭裁决也可以根据这些理由撤销。

3. 如果申请方提出的证据证明存在以下情形之一的,公断庭裁决可以撤销:

(1)解决争议的公断庭裁决所依据的公断协议的一方当事人不具有完全的行为能力。

(2)公断庭据以解决争议的公断协议依照双方当事人所服从的法律无效,而在没有双方约定的法律时,依照俄罗斯联邦的法律无效。

(3)公断庭裁决是对公断协议未规定的争议或未在其条款效力之下的争议作出的,或者公断庭裁决所涉及的问题超出了公断协议的范围。如果公断庭就公断协议涵盖的问题所作的裁决可以与公断协议未涵盖的问题分开,则可以撤销的只是对公断协议未涵盖的那部分问题的裁决。

(4)公断庭的组成人员或仲裁程序不符合双方协议或不符合联邦法律。

(5)对公断庭裁决败诉的一方当事人没有以适当方式通知选择(任命)

仲裁员,或者没有通知公断庭开庭时间和地点,或者由于其他正当原因该方未能向公断庭提出自己的解释。

4. 确定存在下列情形之一时,法院撤销公断协议:

(1)公断庭所审理的争议依照联邦法律不得成为公断审理的对象。

(2)公断庭裁决违反俄罗斯联邦的公共秩序。如果公断裁决中违反俄罗斯联邦公共秩序的部分可能与不违反的那部分分开,则可以仅撤销公断裁决中与俄罗斯联邦公共秩序相抵触的部分。

5. 国际商事仲裁院的裁决可以依照俄罗斯联邦的国际条约和1993年7月7日第5338-1号《俄罗斯联邦国际商事仲裁法》规定的根据撤销。

第422条　法院关于撤销公断庭裁决案件的裁定

1. 根据对要求撤销公断庭裁决案件的审理结果,法院作出撤销公断庭裁决或驳回撤销请求的裁定。

2. 关于撤销公断庭裁决或驳回撤销请求的法院裁定应包含以下内容:

(1)关于被要求撤销的公断庭裁决的材料以及作出该裁决的日期和地点;

(2)作出被要求撤销的裁决的公断庭组成人员;

(3)主管公断审理的常设仲裁机构的名称,其所在地(如果存在常设仲裁机构);

(4)公断审理双方当事人的名称;

(5)指出完全或部分撤销公断庭裁决,或者完全或部分驳回要求撤销公断庭裁决的申请;

(6)在完全或部分驳回要求撤销公断庭裁决申请的情况下,指出公断庭裁决胜诉方可以依照本法典第428条规定的程序取得强制执行公断庭裁决的强制执行令(除本法典第425条第7款第3项规定的情况,即俄罗斯联邦其他法院作出对同一公断庭裁决发出执行令的裁定)。

3. 公断庭裁决的撤销不妨碍公断审理的当事人在向公断庭提出请求可能性没有丧失的情况下再次向公断庭提出请求,或者依照本法典的规则向法院提出请求。

4. 如果公断庭裁决被法院完全或部分撤销是因为仲裁协议无效,或者是因为公断庭裁决是就公断协议未规定的争议或未列入其条款的争议作出的,或者公断庭裁决包含公断协议未包含的问题,以及公断庭裁决被法院撤销是由于公断庭所审理的问题依照联邦法律不得成为公断审理的对象,或者公断庭裁决与俄罗斯联邦的公共秩序相抵触,则公断审理的双方当事人可以要求法院按本法典规定的一般规则对争议进行审理。

5. 对法院关于撤销公断庭裁决或驳回撤销公断庭裁决请求的裁定,可以依照本法典规定的程序和期限向上诉审法院提出上诉。

第 422-1 条　要求撤销公断庭关于其权限的预裁决的申请的审理

1. 在联邦法律规定的情况下,公断审理的任何一方当事人都可以向公断审理进行地的区法院提出申请,要求撤销公断庭关于其权限的预裁决。

2. 要求撤销公断庭关于其权限的预裁决的申请应该在收到本条第 1 款所列公断庭裁决之日起的 1 个月内提出。

3. 法院依照本章的规则审理要求撤销公断庭关于其权限的预裁决的申请。

4. 如果截至法院审理要求撤销公断庭关于其权限的预裁决的申请之时公断庭已经对有关争议作出公断庭裁决,则上述申请应该因公断审理的完成而不予审理。这种情况下,在法院要求撤销公断庭裁决的申请或对相关争议公断庭裁决发出强制执行令的申请时,递交上述申请的公断审理当事人仍然有权援引要求撤销公断庭关于其权限的预裁决的申请所援引的情况。

5. 根据对要求撤销公断庭关于其权限的预裁决申请的审理结果,法院作出撤销该裁决的裁定或者驳回申请的裁定。

6. 对本条第 5 款所列裁定,不得提出申诉。

第四十七章 要求发出公断庭裁决强制执行令的案件的程序

第 423 条 公断庭裁决强制执行令的发出

1. 关于发出公断庭裁决和国际商事仲裁院裁决强制执行令的问题,如果进行公断审理的地点在俄罗斯联邦境内,则由根据公断庭裁决胜诉方申请所要求的法院进行审理。

2. 要求发出公断庭裁决强制执行令的申请,在知悉债务人住所地或所在地的情况下向债务人住所地或所在地的区法院提出,如果不知悉债务人住所地或所在地,则向公断审理的债务人一方财产所在地的区法院提出。根据公断审理双方当事人的协议,要求发出公断庭裁决强制执行令的申请可以向公断庭裁决作出地的区法院提出,或者向公断裁决胜诉方所在地的区法院提出。

第 424 条 要求发出公断庭裁决强制执行令的申请书的形式和内容

1. 要求发出公断庭裁决强制执行令的申请应以书面形式提出并应该由公断庭裁决的胜诉方或其代理人签字。

2. 要求发出公断庭裁决强制执行令的申请书应该指出:

(1)接受申请的法院的名称;

(2)作出裁决的公断庭的组成人员、所在地;

(3)主管公断审理的常设仲裁机构的名称、所在地(如果存在常设仲裁机构);

(4)公断审理当事人的名称、所在地或地址;

(5)公断庭裁决作出的日期和地点;

(6)申请人收到公断庭裁决的日期;

(7)申请人关于要求发出公断庭裁决强制执行令的申请。

3. 申请书还可以包含双方当事人的电话号码、传真号码、电子邮件地址和其他信息资料。

4. 要求发出公断庭裁决强制执行令的申请书应该附具以下文件：

（1）由公断庭仲裁员签字的和依照联邦法律发给公断审理一方当事人的公断庭裁决复印件；

（2）公断协议的原件或经适当方式认证的复印件；

（3）证明已经按照联邦法律规定的程序和数额交纳国家规费的单证；

（4）要求发出公断庭裁决强制执行令的申请书的副本；

（5）委托书或证明申请书签字人权限的其他文件。

5. 违反本条规定提出的要求公断庭裁决强制执行令的申请书，应按照本法典第 135 条和第 136 条规定的规则予以搁置或退还给申请人。

第 425 条　申请公断庭裁决强制执行令的审理程序

1. 要求发出公断庭裁决强制执行令的申请，在区法院收到申请之日起的 1 个月期限内按照本法典规定的第一审法院审理案件的规则由法官独任审理，同时考虑本章的特别规定。

2. 在准备案件进行法庭审理时，根据公断审理当事人一方的申请，法官可以按照本法典调取证据的规则从依照俄罗斯联邦立法负责保管案件材料的常设仲裁机构调取区法院审理中有争议案件的材料。

3. 法院应将开庭的时间和地点通知公断审理的双方当事人。上述人员以适当方式收到关于开庭时间和地点的通知而不到庭，不妨碍案件的审理。

4. 在开庭审理案件时，法院通过审查向法院提交的用以论证申请和异议的证据，确定是否存在本法典第 426 条规定的驳回发出公断庭裁决执行令的申请理由，但无权重新评定公断庭已经确定的情况，也无权对公断庭裁决重新进行实体审理。

5. 如果同一法院在审理要求发出公断庭裁决强制执行令的申请和要求撤销该裁决的申请，法院应依照本法典第 151 条第 4 款的规则将两个申请并案审理。

6. 如果要求发出公断庭裁决强制执行令的申请时要求撤销该裁决的申请在俄罗斯联邦不同的法院正在审理，后审理申请的法院必须依照本法典第 215 条第 5 段的规则中止提起诉讼，直至先收到申请的另一法院审理申请完结。如果俄罗斯联邦不同的法院在同一天收到申请审理要求发出公断庭裁决强制执行令的申请或撤销该裁决的申请，则要求发出公断庭裁决强制执行令申请的审理中止。

7. 在重启依照本条第 6 款中止的案件后,法院作出裁定:

(1)在俄罗斯联邦的另一法院作出撤销该判决的裁定时,作出驳回要求发出公断庭裁决强制执行令申请的裁定;

(2)如果俄罗斯联邦的另一法院根据本法典第 422 条第 2 款第 6 项的规定作出驳回撤销该裁决的判定,则依照本法典第 220 条第 3 段的规则作出判决,终止要求发出公断庭裁决强制执行令案件的诉讼;

(3)如果俄罗斯联邦的另一法院作出发出公断庭裁决强制执行令的判决,则作出驳回要求撤销公断庭裁决的申请的裁决;

(4)如果俄罗斯的另一法院作出驳回要求发出公断庭裁决强制执行令的申请,则依照本法典第 220 条第 3 段的规则作出终止要求撤销公断庭裁决申请的案件。

8. 如果正在审理要求撤销公断庭裁决申请或要求执行公断庭裁决申请的法院中止案件的审理,以便公断庭重启公断审理和排除撤销强制执行公断庭裁决的理由或驳回强制执行的理由,则公断庭可以根据任何一方当事人的申请在法院中止案件的期间恢复公断审理。

第 426 条　拒绝发出公断庭裁决强制执行令的理由

1. 只有在本条规定的情况下,法院才可以拒绝发出公断庭裁决强制执行令。

2. 可以根据本条第 4 款规定的理由,以及在判决败诉方也不援引上述理由的情况下,法院拒绝发出公断庭裁决强制执行令。

3. 如果公断庭裁决败诉方提出以下证据,法院可以拒绝发出公断庭裁决强制执行令:

(1)公断庭据以作出裁决的公断协议的一方当事人不具有完全行为能力;

(2)公断庭据以解决争议的公断协议,依照双方当事人服从的法律无效,如果未指出依照什么法律时,则依照俄罗斯联邦法律无效;

(3)对败诉的一方当事人没有以应有的方式通知仲裁员的任命或通知仲裁审理,包括没有通知公断庭开庭的时间和地点,或者存在其他正当理由而未能提出自己的解释;

(4)公断庭裁决是对公断协议未规定的争议或者是未列入协议条款的争议作出的,或者包括对公断协议之外的问题作出的裁决,但是如果对公断协议所包含的问题可以与未包含在协议之中的问题进行分割,则公断庭裁决对包含在公断协议中的那一部分问题的裁决可以得到承认和执行;

（5）公断庭的组成人员或仲裁程序不符合双方协议或不符合联邦法律。

4. 有下列情形之一的,法院拒绝发出公断庭裁决强制执行令:

（1）公断庭审理的争议依照联邦法律不应成为公断审理的对象;

（2）执行公断庭裁决违背俄罗斯联邦的公共秩序。如果公断庭裁决中违反俄罗斯联邦公共秩序的部分可以与不违反俄罗斯联邦公共秩序的部分分开,则公断庭裁决中不违反俄罗斯联邦公共秩序的部分可以得到承认与执行。

5. 法院可以依照俄罗斯联邦签署的国际条约和俄罗斯联邦 1993 年 7 月 7 日第 5338-1 号联邦法律《俄罗斯联邦国际商事仲裁法》规定的理由拒绝发出国际仲裁院裁决的强制执行令。

第 427 条 法院关于发出公断庭裁决强制执行令的裁决

1. 根据对要求发出公断庭裁决强制执行令的申请的审理结果,法院作出发出公断庭裁决强制执行令的裁定或拒绝关于发出公断庭裁决强制执行令。

2. 法院关于发出公断庭裁决强制执行令的裁定应该包括以下内容:

（1）作出裁决的公断庭的组成人员;

（2）管理仲裁审理的常设仲裁机构的名称、该机构的所在地（如果有常设仲裁机构）;

（3）公断庭审理中双方当事人的名称;

（4）关于公断庭裁决、申请人请求发出公断庭裁决强制执行令的信息;

（5）发出公断庭裁决强制执行令或拒绝发出该执行令。

3. 拒绝发出公断庭裁决强制执行令不妨碍公断审理的双方当事人在可能性尚未丧失的情况下再次向公断庭提出请求,或者依照本法典的规则向法院提出请求。

4. 如果要求发出公断庭裁决强制执行令的申请被法院完全或部分驳回是因为公断协议无效,或者是因为公断裁决是就公断协议未规定的争议或未列入其条款的问题作出的,以及公断庭审理的争议依照联邦法律不得成为公断审理的对象,或者公断庭裁决违反俄罗斯联邦的公共秩序,则公断审理的双方当事人可以按本法典规定的一般规则向法院起诉,请求法院解决争议。

5. 对法院发出公断庭裁决强制执行令的裁定或者拒绝发出该强制执行令的裁定,可以依照本法典规定的程序和期限向上诉审法院提出上诉。

第四十七·一章 涉及法院行使协助公断庭职能案件的诉讼

第 427-1 条 法院行使与协助公断庭职能有关的案件

1. 在法院行使协助公断庭审理的职能时,如果在俄罗斯联邦境内进行仲裁,则适用本章的规则。

2. 法院依照本章行使下列协助公断庭的职能:

(1)解决与仲裁员回避有关的问题;

(2)解决与指定仲裁员有关的问题;

(3)解决与终止仲裁员权限有关的问题。

3. 只有在联邦法律规定的情况下,法院才对公断庭行使本条第 2 款规定的协助职能。

4. 法院根据公断审理参加人的要求对公断庭行使协助职能的申请(下称协助申请),对公断庭行使本条第 2 款规定的协助职能。

5. 协助申请在申请人知悉或应该知悉提出协助申请理由的情况之日起的 1 个月内向公断审理地的区法院提出。

6. 协助申请应该按照联邦法律对非财产诉讼规定的数额交纳国家规费。

第 427-2 条 对协助申请书的要求

1. 协助申请以书面形式递交,由申请人或其代理人签字。

2. 协助申请书应该指出以下事项:

(1)接受申请的法院的名称;

(2)审理争议的公断庭组成人员;

(3)主管公断审理的常设仲裁机构的名称、其所在地(如果有常设仲裁机构);

(4)公断审理双方当事人的名称、其所在地或地址;

（5）关于协助申请所涉仲裁员或候补仲裁员的信息；

（6）申请人向法院要求协助的理由，并指出联邦法律规定法院履行申请人所要求的职能；

（7）申请人的要求和理由。

3. 协助申请书还应该包含申请人的电话号码、传真号码、电子邮件地址和其他信息材料。

4. 协助申请书应该附具以下文件：

（1）经过适当认证的向公断庭提出的诉状的复印件，并附上被告人收到诉状的证据。上述文件的复印件可以由主管相关公断审理的常设仲裁机构主任认证或者进行公证。

（2）仲裁协议原件或经过适当认证的复印件。

（3）证明向法院提出协助申请所根据的文件。

（4）证明申请人请求的文件。

（5）证明已经依照联邦法律规定的程序和数额交纳国家规费的单证。

（6）委托书或其他证明在协助申请书签字人权限的文件。

5. 协助申请的递交违反本法典第 427-1 条和第 427-2 条的，依照本法典第 135 条和第 136 条的规则退回申请人或搁置。

第 427-3 条　协助申请的审理程序

1. 协助申请由区法院的一名法官按照本法典规定的第一审法院审理案件的规则独任审理，同时考虑本章的特别规定，审理的期限不得超过区法院收到协助申请之日起的 1 个月。

2. 法院应将开庭的时间和地点通知公断审理的双方当事人。上述人已按照适当方式收到开庭时间和地点的通知而不到庭，不妨碍案件的审理。

3. 法院在开庭审理案件时，应通过审查提交给法院的支持或反对请求的证据，确定是否存在满足申请人请求的根据。

4. 如果到法院审理协助申请以解决本法典第 427-1 条第 2 款第 1 项所列问题之时已经对相关争议作出了公断庭裁决，则协助申请由于已经完成公断审理而应予以搁置。在这种情况下，提出协助申请的一方公断审理当事人在法院审理就相关争议发出或撤销公断裁决强制执行令时无权援引提出协助申请理由的情节。

5. 对公断庭行使本法典第 427-1 条第 2 款所列协助职能的法官，无权参加审理依照本法典第 17 条的规则撤销或发出公断庭对相关争议裁决的强制执行令申请的审理。

第 427-4 条　满足协助请求的根据

1. 同时具备下列各项条件时,法官应该满足要求仲裁员回避的申请:

(1)双方当事人要求或联邦法律规定的仲裁员回避程序得到了遵守,而依照该程序仲裁员回避问题移送到法院解决;

(2)存在联邦法律规定的仲裁员回避的根据。

2. 同时具备下列各项条件时,法官应该满足指定仲裁员的申请:

(1)当事人或联邦法律规定的指定仲裁员的程序得到遵守,而依照该程序指定仲裁员的问题移送到法院解决;

(2)向法院提交了联邦法律所规定的依照联邦法律规定的程序解决指定仲裁员问题所必需的信息材料。

3. 同时具备下列各项条件时,法官应该满足要求终止仲裁员权限的申请:

(1)当事人和联邦法律规定的终止仲裁员权限的程序得到遵守,而依照该程序关于终止仲裁员权限的问题移送到法院解决;

(2)存在联邦法律规定的终止仲裁员权限的根据。

第 427-5 条　关于协助公断庭职能案件的法院裁定

1. 法院根据对协助申请的审理结果,依照本法典第二十章的规则作出裁定。

2. 对法院协助公断庭职能案件所作出的裁定应该包含下列信息:

(1)关于审理争议的公断庭组成人员的信息,公断庭的所在地;

(2)主管公断审理的常设仲裁机构的名称、其所在地(如果存在常设仲裁机构);

(3)仲裁审理当事人的名称;

(4)叙述作为申请人向法院提出协助申请理由的情况,以及指出联邦法律的规范或依照联邦法律规定法院行使申请人所要求职能的规则;

(5)指出完全或部分满足申请人的请求或完全或部分驳回申请人的请求,并说明满足或驳回请求的理由;

(6)如果申请人的请求得到满足,还要包括关于被回避、指定或终止权限的仲裁员(1 名或多名)的信息。

3. 对法院关于行使协助公断庭职能案件的裁定不得提出上诉。

第七编　与执行法院裁判或其他机关决议有关的程序

第 428 条　法院执行令的发出

1. 在法院裁判发生法律效力后,法院将执行令发给追偿人,但在法院裁判作出后立即发出执行令的情形除外。执行令根据追偿人的申请发出,由法院直接执行。对于法院发出执行令追偿预算资金的,不需要追偿人提出申请。

(第二段失效)

(本段由 2015 年 3 月 8 日第 23 号联邦法律删除)

关于著作权和(或)邻接权(摄影作品或在互联网上通过类似摄影的方式取得的作品除外)事前保全裁定的执行令,在裁定作出之日起的后一日发给追偿人。

执行令可以由法院以电子文件的形式发出,文件应该由法官依照俄罗斯联邦立法批准程序进行可靠强化电子签名。

2. 法院执行令的发出依照本法典第 130 条规定的规则进行。

3. 如果法院裁判规定对俄罗斯联邦预算体系的资金进行追偿,则执行令应附具经法院按规定程序认证的该法院裁判的复印件。执行令与发出执行令的法院裁判的复印件可以由法院以电子文件的形式发出,应由法官依照俄罗斯联邦立法批准程序进行可靠强化电子签名。

4. 除立即执行的情形外,对法院裁判发生法律效力之前发出的执行令一律无效并应由原判法院收回。

5. 执行令的表格格式及其制作、登记、保管和销毁的程序、对电子文件执行令格式的要求,均由俄罗斯联邦政府批准。

第 429 条　就一份法院判决发出多份执行令

1. 对每份法院判决发出一份执行令。但是,如果为了多名原告人的利益或者针对多名被告人,法院根据追偿人的请求应该发出多份执行令并确切指出执行地点或该执行令针对的那部分判决。

2. 根据法院的关于追偿金钱的民事判决或刑事判决,应该发出多个执行令。执行令的数量与连带被告人的数量相同。每份执行令均应指出追偿的总金额,同时指出所有被告人以及他们的连带责任。

3. 除摄影作品或在互联网上通过类似摄影的方式取得的作品的权利外,根据著作权和(或)邻接权保护事先保全的裁定,根据法院关于限制访问多次非法发布包含著作权和(或)邻接权客体的信息或者利用互联网获得这些客体的必要信息的裁定,法院发给追偿人执行令,并且根据追偿人的申请向在大众信息媒体、社交媒体、信息技术和电信等领域行使监督和监管职能的联邦行政机关发出强制执行令。

第 430 条　法院发出执行令或法院命令的副本

1. 在执行令或法院命令(执行文件)原件遗失的情况下,原判法院、发出法院命令的法院可以根据追偿人或法警执行员的申请发给执行文件的副本。

2. 关于要求发给执行文件副本的申请可以在将执行文件交付执行的期限届满之前提出,但执行文件被法警执行员或其他执行人遗失而追偿人在将执行文件交付执行的规定期限届满之后方才知悉此情况的情形除外。在这种情况下,要求发给执行文件副本的申请可以在追偿人知悉执行文件遗失之日起的 1 个月内向法院提出。

3. 追偿人和法警执行员要求发给执行文件副本的申请,由法院在收到申请之日起的 10 天内开庭审理。应将开庭的时间和地点通知案件参加人,但是他们不出庭不妨碍副本发给问题的解决。在审理要求发给执行文件副本的申请时,法院应查明证明执行文件遗失的情况并审查说明执行文件遗失的证据。

4. 对法院发给执行文件副本的裁定或驳回发给上述副本的裁定,可以提出申诉。

第 431 条　遗失执行令或法院命令的责任

公职人员对移送给他的执行令或法院命令的遗失有过错的,可以依照本法典第八章规定的程序和数额对他科处诉讼罚金。

第 432 条　执行文件提交期限的中断与恢复

1. 如联邦法律没有不同规定,执行文件提交执行的期限因其提交执行而中断,也因债务人部分履行法院裁判而中断。

2. 追偿人由于法院认为正当的原因逾期未将执行文件提交执行的,已经迟误的期限可以恢复,但联邦法律有不同规定的除外。

3. 要求恢复迟误期限的申请应向发出执行文件的法院提出,或者向执行地的法院提出,并依照本法典第 112 条规定的程序审理。对法院关于恢复期限的裁定可以提出上诉。

第 433 条　对应该予以执行的法院裁判的说明

1. 如果执行文件中的要求不明确,或者执行的方式或程序不明确,追偿人、债务人、法警执行员有权向发出相关法律文件的法院申请对执行文件、执行的方式和程序作出说明。

2. 要求说明执行文件的申请在法院收到该申请之日起的 10 日内开庭审理。

3. 要求解释关于遣返非法移居或非法滞留俄罗斯联邦的儿童的执行文件或者依照俄罗斯联邦签署的国际条约实现对上述儿童探视权的执行文件的申请,应在法院收到上述申请之日起的 5 日内开庭审理。

第 434 条　法院裁判的延期执行或分期执行　执行方式和程序的变更　所判金额按消费价格指数调整

如果存在使法院裁判或其他机关决议难以执行的情况,追偿人、债务人、法警执行员有权向原审法院或法院裁判执行地的法院提出延期执行或分期执行、变更执行方式和程序、按消费价格指数调整所判金额等问题。双方当事人的申请和法警执行员的报告依照本法典第 203 条和第 208 条规定的程序审理。

第 435 条　延期实施执行行为

(本条由 2007 年 10 月 2 日第 225 号联邦法律删除)

第 436 条　法官中止执行程序的职责

在联邦法律《执行程序法》规定的情况下,法院必须完全或部分中止执行程序。

第 437 条　法官中止执行程序的权利

在联邦法律《执行程序法》规定的情况下,法院有权完全或部分中止执行程序。

第 438 条　执行程序的恢复

1. 法院在确认造成中止执行的情况已经排除后,根据追偿人、法警执行员的申请或主动地恢复执行程序。

2. 联邦法律规定的中止执行程序的期限可以由法院缩短。

第 439 条　执行程序的终止

1. 在联邦法律《执行程序法》规定的情况下,执行程序终止。

2. 在追偿人放弃追偿或追偿人和债务人订立和解协议的情况下,适用本法典第 173 条、本法典第十四章的规则。

3. 在执行程序终止时,所有已经指定的执行措施均应由法警执行员予以撤销。已经终止的执行程序不得重新提起。

第 440 条　法院中止或终止执行程序的程序

1. 关于中止或终止执行程序的问题,由法警执行员履行职责区域的法院在 10 日期限内解决。有关事项应通知追偿人、债务人、法警执行员,但他们不到庭不妨碍上述问题的解决。

2. 根据对要求中止或终止执行程序的申请的审理结果,法院作出裁定,裁定应送交追偿人、债务人以及正在负责执行执行文件的法警执行员。

3. 对法院关于中止或终止执行程序的裁定可以提出上诉。

4. 被法院中止的执行程序在排除造成中止的情况以后由同一法院恢复。

第 441 条　对公职人员或法警局的决定和行为提出争议

1. 对俄罗斯联邦首席法警、俄罗斯联邦各主体的首席法警、主任法警以及他们的副职、法警执行员的决定和行为(不作为)可以由追偿人、债务人或其权利和利益因上述决定、行为(不作为)受到侵害的其他人依照行政诉讼立法规定的程序提出争议。

2.(失效)

(本款由 2015 年 3 月 8 日第 23 号联邦法律删除)

3.(失效)

(本款由 2015 年 3 月 8 日第 23 号联邦法律删除)

4. 对驳回要求法警执行员回避的决定,可以依照行政诉讼立法规定的程序提出申诉。

第 442 条　在执行法院裁判或国家机关或其他机关决议时维护他人的权利

1. 如果法警执行员在扣押财产时违反了联邦法律,无论财产属于债务人或其他人,这种违反均为撤销财产扣押的根据。债务人申请撤销财产扣押的申请由法院依照本法典第 441 条规定的程序审理。这种申请可以在被扣押财产拍卖前提出。

2. 案件参加人以外的人提出的与被追偿财产归属有关的争议,法院依照诉讼程序规则审理。

关于免除财产扣押(解除查封)的诉讼向债务人和追偿人提出。如果财产扣押或查封的进行与财产没收有关,则应将被没收财产的所有人和有关国家机关亦追加作为被告人。如果被扣押或被查封的财产已经拍卖,则诉讼还对财产取得人提出。

如果满足关于退还已拍卖的财产的诉讼请求,则财产取得人、追偿人和债务人之间的争议根据诉讼程序规则进行审理。

3. 法官在确定本条第 1 款所列情况时,不论利害关系人是否提出申请,均必须撤销对全部财产的扣押或解除部分财产查封。

第 443 条　法院判决执行的回转

如果已经执行的法院判决被撤销,重新审理后作出的新判决完全或部分驳回诉讼请求,或者裁定终止案件程序或对案件不予审理,则执行原判决时为了原告人的利益已经向被告人追偿的一切,均应返还被告人(法院判决执行的回转)。

第 444 条　第一审法院判决执行的回转程序

1. 接受案件重新审理的法院,必须主动地解决法院判决执行的回转问题和对案件作出新的判决或裁定。

2. 如果重新审理案件的法院未解决法院判决执行的回转问题,被告人有权向该法院提出法院判决执行回转的申请。该申请在审判庭审理。应将开庭时间和地点通知案件参加人,但是他们不到庭不妨碍对法院判决执行回转申请的审理。

3. 对法院关于法院判决执行回转的裁定可以提出上诉。

第 445 条　上诉审法院、申诉审法院或监督审法院回转法院判决执行的程序

1. 上诉审、申诉审或监督审法院,如果对争议作出了终审判决、裁定或裁决,或者终止了案件的诉讼或对案件不予审理,则必须解决法院判决执行的回转问题,或者将案件移送第一审法院重新审理。

2. 如果上级法院的判决、裁定或没有涉及法院判决执行的回转问题,则被告人有权向第一审法院提出有关的申请。

3. 如果上诉审法院撤销关于追偿扶养费的法院判决,则只有被撤销的判决是根据原告人的虚假材料或提供的伪造文件作出时,才允许法院判决执行的回转。

在根据劳动关系所产生的请求权追偿金钱的案件中,在追偿利用科学、文学和艺术作品使用权,演出、发现、发明、实用新型、外观设计等报酬的案件中,在追偿扶养费的案件中,在追偿因致残或其他健康损害以及供养人死亡而造成的损害赔偿案件中,如果被撤销的法院判决是根据原告人的虚假材料或他提供的伪造证据作出的,则允许法院判决执行的回转。

第446条　不得根据执行文件进行追偿的财产

1. 债务人是公民的,对属于他的下列财产,不得根据执行文件进行追偿:

住房(部分住房),如果作为债务人的公民和其家庭成员共同居住的属于他的房屋是唯一适于经常居住的房屋,但该房屋是不动产抵押标的和依照立法可以对之进行追偿的除外;

本条第2段所列客体所在的土地,但该土地是不动产抵押标的和依照立法可以对之进行追偿的除外;

家庭日常居住和生活使用的用品,个人物品(衣、鞋等),但贵重物品和其他奢侈品除外;

作为债务人的公民从事职业活动所必需的财产,但价值超过联邦法律规定的最低劳动报酬额100倍的财产除外;

与从事经营活动无关的种畜、奶畜和役畜、鹿、兔、家禽、蜜蜂,以及养殖和放牧这些动物所必需的饲料,以及养殖动物的建筑物、构筑物;

当前播种必需的种子;

食品和总金额不少于债务人本人及其受供养人法定最低生活费标准的金钱;

债务人家庭每日做饭和住房一个采暖季所必需的燃料;

债务人因残废所使用的交通工具和其他必需财产;

债务人获得的奖品、国家奖励、荣誉奖章和纪念章。

2. 属于组织的不得依照执行文件进行追偿的财产的清单,由联邦法律规定。

3.(失效)

(本款由2009年2月9日第3号联邦法律删除)

俄罗斯联邦总统　B.普京

莫斯科　克里姆林宫

2002年11月14日

第137号联邦法律

关于施行《俄罗斯联邦民事诉讼法典》的联邦法律

（2002 年 11 月 14 日联法第 137 号）

国家杜马 2002 年 10 月 23 日通过

联邦委员会 2002 年 10 月 30 日批准

第 1 条　《俄罗斯联邦民事诉讼法典》自 2003 年 2 月 1 日起施行。

第 2 条　自 2003 年 2 月 1 日起失效的有：

《俄罗斯苏维埃联邦社会主义共和国（下称苏俄）民事诉讼法典》，但第三十四章、第三十五章、第三十六章除外；

苏俄最高苏维埃主席团 1965 年 12 月 18 日《关于增补〈苏俄民事诉讼法典〉的命令》（《苏俄最高苏维埃公报》1965 年第 51 期，第 1291 号）；

苏俄最高苏维埃主席团 1966 年 8 月 5 日《关于增补〈苏俄民事诉讼法典〉的命令》（《苏俄最高苏维埃公报》1966 年第 32 期，第 773 号）；

苏俄 1966 年 8 月 17 日《关于批准苏俄最高苏维埃主席团关于增补〈苏俄民事诉讼法典〉的命令的法律》（《苏俄最高苏维埃公报》1966 年第 34 期，第 921 号）；

1968 年《关于修订和增补〈苏俄民事诉讼法典〉的法律》（《苏俄最高苏维埃公报》1968 年第 7 期，第 252 号；1970 年第 4 期，第 49 号）；

苏俄最高苏维埃主席团 1973 年 12 月 12 日《关于修订和增补〈苏俄民法典〉和〈苏俄民事诉讼法典〉的命令》（《苏俄最高苏维埃公报》1973 年第 51 期，第 1114 号）；

苏俄 1973 年 12 月 19 日《关于批准苏俄最高苏维埃主席团关于对苏俄现行立法进行某些修订和增补的命令的法律》（《苏俄最高苏维埃公报》1973 年第 51 期，第 1110 号）中关于批准苏俄最高苏维埃主席团《关于修订和增补〈苏俄民法典〉和〈苏俄民事诉讼法典〉的命令》的部分；

苏俄最高苏维埃主席团 1974 年 12 月 18 日《关于修订和由于〈苏俄国家

公证法〉生效而认定某些立法文件失效命令》的第二编（《苏俄最高苏维埃公报》1974 年第 51 期，第 1346 号）；

苏俄最高苏维埃主席团 1977 年 6 月 14 日《关于修订和增补〈苏俄民法典〉和〈苏俄民事诉讼法典〉的命令》（《苏俄最高苏维埃公报》1977 年第 24 期，第 586 号）；

苏俄 1977 年 7 月 20 日《关于批准苏俄最高苏维埃主席团修订和增补苏俄现行立法的命令的法律》（《苏俄最高苏维埃公报》1977 年第 30 期，第 725 号）中批准《苏俄最高苏维埃主席团 1977 年 6 月 14 日〈关于修订和增补〈苏俄民法典〉和〈苏俄民事诉讼法典〉的命令》的部分；

苏俄最高苏维埃主席团 1980 年 8 月 1 日《关于修订和增补〈苏俄民事诉讼法典〉的命令》（《苏俄最高苏维埃公报》1980 年第 32 期，第 987 号）第 1 条，但对该法典第 326 条所作的修订除外；第 2 条，但对该法典第 284 条第 1 款和第 294 条第 1 款所作的修订除外；第 3 条至第 40 条及第 46 条至第 67 条；

苏俄最高苏维埃主席团 1981 年 6 月 8 日《关于修订〈苏俄民事诉讼法典〉的命令》（《苏俄最高苏维埃公报》1981 年第 23 期，第 800 号）；

苏俄 1981 年 7 月 8 日《关于批准苏俄最高苏维埃主席团〈关于修订和增补苏俄某些立法文件的命令〉的法律》（《苏俄最高苏维埃公报》1981 年第 28 期，第 983 号）中批准苏俄最高苏维埃主席团 1981 年 6 月 8 日《关于修订〈苏俄民事诉讼法典〉的命令》的部分；

苏俄最高苏维埃主席团 1981 年 9 月 11 日《关于修订〈苏俄民事诉讼法典〉的命令》（《苏俄最高苏维埃公报》1981 年第 37 期，第 1264 号）；

苏俄最高苏维埃主席团 1981 年 11 月 16 日《关于增补〈苏俄民事诉讼法典〉的命令》（《苏俄最高苏维埃公报》1981 年第 46 期，第 1555 号）；

苏俄 1981 年 12 月 2 日《关于批准苏俄最高苏维埃主席团关于修订和增补〈苏俄刑法典〉、〈苏俄刑事诉讼法典〉和〈苏俄民事诉讼法典〉的命令的法律》（《苏俄最高苏维埃公报》1981 年第 49 期，第 1669 号）中批准苏俄最高苏维埃主席团 1981 年 9 月 11 日《关于修订〈苏俄民事诉讼法典〉的命令》和苏俄最高苏维埃主席团 1981 年 9 月 16 日《关于增补〈苏俄民事诉讼法典〉的命令》的部分；

苏俄最高苏维埃主席团 1984 年 1 月 12 日《关于修订和增补〈苏俄民事诉讼法典〉的命令》（《苏俄最高苏维埃公报》1984 年第 3 期，第 106 号）；

苏俄最高苏维埃主席团 1984 年 4 月 25 日《关于修订〈苏俄婚姻家庭法

典〉和〈苏俄民事诉讼法典〉的命令》(《苏俄最高苏维埃公报》1984 年第 18
期,第 592 号);

苏俄 1984 年 6 月 20 日《关于批准苏俄最高苏维埃主席团〈关于修订和
增补苏俄某些立法文件的命令〉的法律》(《苏俄最高苏维埃公报》1984 年第
26 期,第 877 号)中批准苏俄最高苏维埃主席团 1984 年 1 月 12 日《关于修订
和增补〈苏俄民事诉讼法典〉的命令》和苏俄最高苏维埃主席团 1984 年 4 月
25 日《关于修订〈苏俄婚姻家庭法典〉和〈苏俄民事诉讼法典〉的命令》的
部分;

苏俄最高苏维埃主席团 1985 年 1 月 24 日《关于修订和增补〈苏俄刑事
诉讼法典〉和〈苏俄民事诉讼法典〉的命令》(《苏俄最高苏维埃公报》1985 年
第 5 期,第 163 号);

苏俄 1985 年 3 月 26 日《关于批准苏俄最高苏维埃主席团〈关于修订和
增补苏俄某些立法文件的命令〉的法律》(《苏俄最高苏维埃公报》1985 年第
14 期,第 530 号)中批准苏俄最高苏维埃主席团 1985 年 1 月 24 日《关于修订
和增补〈苏俄刑事诉讼法典〉和〈苏俄民事诉讼法典〉的命令》和苏俄最高苏
维埃主席团 1985 年 2 月 20 日《关于对未成年子女抚养费追偿办法进行某些
修改的命令》的部分;

苏俄最高苏维埃主席团 1986 年 4 月 1 日《关于增补〈苏俄民事诉讼法
典〉的 2972-XI 号命令》(《苏俄最高苏维埃公报》1986 年第 14 期,第 413 号);

苏俄 1986 年 7 月 2 日《关于批准苏俄最高苏维埃主席团〈关于修订和增
补苏俄某些立法文件的命令〉的法律》(《苏俄最高苏维埃公报》1986 年第 28
期,第 804 号)中批准苏俄最高苏维埃主席团 1986 年 4 月 1 日《关于增补〈苏
俄民事诉讼法典〉的命令》的部分;

苏俄最高苏维埃主席团 1986 年 11 月 19 日第 4563-XI 号《关于对未成年
子女抚养费追偿办法进行某些修改的命令》(《苏俄最高苏维埃公报》1986 年
第 48 期,第 1397 号);

苏俄 1986 年 12 月 3 日《关于批准苏俄最高苏维埃主席团修订和增补苏
俄某些立法文件的命令的法律》(《苏俄最高苏维埃公报》1986 年第 50 期,第
1467 号)中批准苏俄最高苏维埃主席团 1986 年 11 月 19 日《关于对未成年子
女抚养费追偿办法进行某些修改的命令》的部分;

苏俄最高苏维埃主席团 1987 年 2 月 24 日第 5375-XI 号《关于修订和增
补〈苏俄民法典〉和苏俄其他某些立法文件的命令》(《苏俄最高苏维埃主席
团公报》1987 年第 9 期,第 250 号)的第二编;

苏俄最高苏维埃主席团 1988 年 1 月 5 日第 8066-XI 号《关于修订和增补苏俄某些立法文件的命令》(《苏俄最高苏维埃公报》1988 年第 1 期,第 1 号)的第 2 条;

苏俄最高苏维埃主席团 1988 年 1 月 29 日第 8256-XI 号《关于修订和增补〈苏俄民事诉讼法典〉的命令》(《苏俄最高苏维埃主席团公报》1988 年第 5 期,第 137 号,但第 5 条除外;

苏俄最高苏维埃主席团 1989 年 4 月 12 日第 11522-XI 号《关于修改〈苏俄民事诉讼法典〉第 338 条和第 339 条的命令》(《苏俄最高苏维埃公报》1989 年第 16 期,第 398 号);

苏俄 1989 年 7 月 28 日《关于批准苏俄最高苏维埃主席团修订和增补苏俄某些立法文件的法律》(《苏俄最高苏维埃公报》1989 年第 31 期,第 851 号)中批准苏俄最高苏维埃主席团 1989 年 4 月 12 日《关于修改〈苏俄民事诉讼法典〉第 338 条和第 339 条的命令》的部分;

苏俄 1991 年 3 月 21 日第 945-1 号《关于修订和增补〈苏俄刑法典〉、〈苏俄民法典〉、〈苏俄刑事诉讼法典〉、〈苏俄民事诉讼法典〉和〈苏俄行政违法行为法典〉的法律》(《苏俄人民代表大会和苏俄最高苏维埃公报》1991 年第 15 期,第 494 号);

俄罗斯联邦 1992 年 3 月 4 日第 2438-1 号《关于修订〈苏俄民法典〉和〈苏俄民事诉讼法典〉的法律》(《俄罗斯联邦人民代表大会和俄罗斯联邦最高苏维埃公报》1992 年第 15 期,第 768 号);

俄罗斯联邦 1992 年 5 月 29 日第 2869-1 号《关于修订和增补〈苏俄法院组织法〉、〈苏俄刑事诉讼法典〉和〈苏俄民事诉讼法典〉的法律》(《俄罗斯联邦人民代表大会和俄罗斯联邦最高苏维埃公报》1972 年第 27 期,第 1560 号)的第 3 条;

俄罗斯联邦 1992 年 6 月 24 日第 3119-1 号《关于修订和增补〈苏俄民法典〉、〈苏俄民事诉讼法典〉、〈苏俄最高苏维埃议事规程〉、〈苏俄犹太自治州法〉、〈苏俄人民代表选举法〉、〈地方人民代表苏维埃在向市场关系过渡条件下的补充权限法〉、〈农业经营单位法〉、〈土地改革法〉、〈苏俄银行与银行活动法〉、〈苏俄中央银行(俄罗斯银行)法〉、〈苏俄所有权法〉、〈企业和经营活动法〉、〈俄罗斯联邦国家税务机关法〉、〈商品市场竞争与限制垄断法〉、〈优先保证农工综合体物质技术资源法〉、〈苏俄地方自治法〉、〈苏俄国有和自治地方所有企业私有化法〉、〈苏俄预算体制和预算程序纲要法〉、〈国家规费法〉、俄罗斯联邦〈边疆区、州人民代表苏维埃和边疆区、州行政机构法〉、〈商品交易所和交易所贸易法〉的法律》(《俄罗斯联邦人民代表大会和俄罗斯联邦最高苏维埃公报》1992 年第 34 期,第 1966 号);

俄罗斯联邦 1993 年 3 月 31 日第 4717-1 号《关于修订和增补〈苏俄刑事诉讼法典〉和〈苏俄民事诉讼法典〉中涉及国家机密案件审理程序的法律》(《俄罗斯联邦人民代表大会和俄罗斯联邦最高苏维埃公报》1993 年第 17期,第 593 号);

俄罗斯联邦 1993 年 4 月 28 日第 4882-1 号《关于修订和增补〈苏俄民事诉讼法典〉的法律》(《俄罗斯联邦人民代表大会和俄罗斯联邦最高苏维埃公报》1993 年第 22 期,第 787 号);

1995 年 4 月 24 日联法第 68 号《关于修订〈苏俄民事诉讼法典〉的联邦法律》(《俄罗斯联邦立法汇编》1995 年第 18 期,第 1596 号);

1995 年 11 月 30 日联法第 189 号《关于修订和增补〈苏俄民事诉讼法典〉的联邦法律》(《俄罗斯联邦立法汇编》1995 年第 49 期,第 4696 号),但第1 条第 22 项至第 31 项除外;

1995 年 12 月 31 日联法第 226 号《关于修订和增补〈俄罗斯联邦国家规费法〉的联邦法律》(《俄罗斯联邦立法汇编》1996 年第 1 期,第 19 号)第2 条;

1996 年 8 月 21 日联法第 124 号《关于修订和增补〈苏俄民事诉讼法典〉的联邦法律》(《俄罗斯联邦立法汇编》1996 年第 35 期,第 4134 号);

1996 年 11 月 26 日联法第 140 号《关于修订和增补〈苏俄民事诉讼法典〉的联邦法律》(《俄罗斯联邦立法汇编》1996 年第 49 期,第 5499 号),但第1 条第 3 项除外;

1997 年 11 月 16 日联法第 144 号《关于因通过宪法性法律〈俄罗斯联邦仲裁法院法〉和〈俄罗斯联邦仲裁程序法典〉而修订和增补俄罗斯联邦法律和其他法律文件的联邦法律》(《俄罗斯联邦立法汇编》1997 年第 47 期,第5341 号);

1998 年 6 月 25 日联法第 90 号《关于修订和增补〈苏俄民事诉讼法典〉的联邦法律》(《俄罗斯联邦立法汇编》1998 年第 26 期,第 3010 号);

1999 年 1 月 4 日联法第 3 号《关于修订和增补〈苏俄法院组织法〉、〈苏俄民事诉讼法典〉和〈苏俄刑事诉讼法典〉的联邦法律》(《俄罗斯联邦立法汇编》1999 年第 1 期,第 5 号)第 2 条第 1 项;

2000 年 1 月 2 日联法第 37 号《关于俄罗斯联邦普通法院人民陪审员的联邦法律》(《俄罗斯联邦立法汇编》2000 年第 2 期,第 158 号)中涉及民事诉讼的部分；

2000 年 8 月 7 日联法第 120 号《关于修订和增补〈苏俄民事诉讼法典〉的联邦法律》（《俄罗斯联邦立法汇编》2000 年第 33 期，第 3346 号），但第 1 条第 33 项至第 35 项除外。

自 2003 年 7 月 1 日起失效的有：

《苏俄民事诉讼法典》；

苏俄 1964 年 6 月 11 日《关于批准〈苏俄民事诉讼法典〉的法律》（《苏俄最高苏维埃公报》1964 年第 24 期，第 407 号）；

苏俄最高苏维埃主席团 1964 年 6 月 12 日《关于施行〈苏俄民法典〉和〈苏俄民事诉讼法典〉的程序的命令》第 17 条至第 19 条（《苏俄最高苏维埃公报》1964 年第 24 期，第 416 号）；

苏俄最高苏维埃主席团 1980 年 8 月 1 日《关于修订和增补〈苏俄民事诉讼法典〉的命令》（《苏俄最高苏维埃公报》1980 年第 32 期，第 987 号）；

苏俄 1980 年 11 月 20 日《关于批准苏俄最高苏维埃主席团关于修订和增补〈苏俄刑法典〉、〈苏俄刑事诉讼法典〉和〈苏俄民事诉讼法典〉、〈苏俄劳动法典〉的法律》（《苏俄最高苏维埃公报》1980 年第 48 期，第 1597 号）中批准苏俄最高苏维埃主席团 1980 年 8 月 1 日《关于修订和增补〈苏俄民事诉讼法典〉的命令》的部分；

苏俄最高苏维埃主席团 1988 年 1 月 29 日第 8256-XI 号《关于修订和增补〈苏俄民事诉讼法典〉的命令》（《苏俄最高苏维埃公报》1988 年第 5 期，第 137 号）；

1988 年 4 月 20 日《关于批准苏俄最高苏维埃主席团〈关于修订和增补苏俄某些立法文件的命令〉的法律》（《苏俄最高苏维埃公报》1988 年第 17 期，第 541 号）中批准苏俄最高苏维埃主席团 1988 年 1 月 29 日《关于修订和增补〈苏俄民事诉讼法典〉的命令》的部分；俄罗斯联邦 1992 年 7 月 3 日第 3200-1 号《关于修订和增补〈苏俄刑事诉讼法典〉和〈苏俄民事诉讼法典〉及〈苏俄法院组织法〉的法律》第 2 条（《俄罗斯联邦人民代表苏维埃和俄罗斯联邦最高苏维埃公报》1992 年第 30 期，第 1794 号）；

俄罗斯联邦最高苏维埃主席团 1992 年 7 月 3 日第 3201-1 号《关于施行俄罗斯联邦〈关于修订和增补苏俄刑事诉讼法典和苏俄民事诉讼法及苏俄法院组织法的法律〉的程序法》（《俄罗斯联邦人民代表苏维埃和俄罗斯联邦最高苏维埃公报》1992 年第 30 期，第 1795 号）中关于《苏俄民事诉讼法典》修订和增补的部分；

1995 年 11 月 30 日联法第 189 号《关于增补〈苏俄民事诉讼法典〉的联邦法律》(《俄罗斯联邦立法汇编》1995 年第 49 期,第 4696 号);

1996 年 11 月 26 日联法第 140 号《关于修订和增补〈苏俄民事诉讼法典〉的联邦法律》(《俄罗斯联邦立法汇编》1966 年第 49 期,第 5499 号);

1997 年 3 月 17 日联法第 50 号《关于修订和增补〈苏俄民事诉讼法典〉的联邦法律》(《俄罗斯联邦立法汇编》1997 年第 12 期,第 1373 号);

1999 年 1 月 4 日联法第 3 号《关于修订和增补〈苏俄法院组织法〉、〈苏俄民事诉讼法典〉和〈苏俄刑事诉讼法典〉的联邦法律》(《俄罗斯联邦立法汇编》1999 年第 1 期,第 5 号);

2000 年 8 月 7 日联法第 120 号《关于修订和增补〈苏俄民事诉讼法典〉的联邦法律》(《俄罗斯联邦立法汇编》2000 年第 33 期,第 3346 号)。

第 3 条　自 2003 年 2 月 1 日起在俄罗斯联邦境内不再施行的有:

《苏联和各加盟共和国民事诉讼纲要》(《苏联最高苏维埃公报》1961 年第 50 期,第 526 号);

苏联 1961 年 12 月 8 日《关于批准〈苏联和各加盟共和国民事诉讼纲要〉的法律》(《苏联最高苏维埃公报》1961 年第 50 期,第 526 号);

苏联最高苏维埃主席团 1972 年 8 月 7 日第 3208-Ⅷ号《关于解决集体农庄和跨农庄组织与国有企业、合作社企业和其他社会企业、组织和机构之间的以及它们本身之间的合同所产生分歧的解决程序的命令》(《苏联最高苏维埃公报》1972 年第 33 期,第 289 号)第 1 条第 2 项;

苏联最高苏维埃主席团 1977 年 5 月 16 日第 5709-Ⅳ 号《关于修订和增补〈苏联和各加盟共和国民事立法纲要〉和〈苏联和各加盟共和国民事诉讼纲要〉的命令》(《苏联最高苏维埃公报》1977 年第 21 期,第 313 号)第二编;

苏联最高苏维埃主席团 1979 年 10 月 9 日第 886-Ⅺ号《关于修订和增补〈苏联和各加盟共和国民事诉讼纲要〉的命令》(《苏联最高苏维埃公报》1979 年第 42 期,第 679 号)第一编;

苏联最高苏维埃主席团 1988 年 1 月 7 日第 8289-Ⅺ号《关于因施行〈对侵犯公民权利的公职人员不法行为向法院提出控告的程序法〉而修订和增补苏联某些立法文件的命令》(《苏联最高苏维埃公报》1988 年第 2 期,第 21 号)第 1 条。

第 4 条　俄罗斯联邦境内与《俄罗斯联邦民事诉讼法典》有关的现行联邦法律和其他规范性法律文件应该修订,使之与《俄罗斯联邦民事诉讼法典》相一致。

在进行修订使之与《俄罗斯联邦民事诉讼法典》相一致之前,上述法律和其他规范性法律文件自本法律颁布施行《俄罗斯联邦民事诉讼法典》之时起仅适用与《俄罗斯联邦民事诉讼法典》不相抵触的部分。

第 5 条　在俄罗斯联邦各主体任命(选举)和解法官前,《俄罗斯联邦民事诉讼法典》第 23 条所列案件由区法院审理。

第 6 条　2003 年 2 月 1 日前已经在普通法院办理而尚未审结的案件,自 2003 年 2 月 1 日起应该依照《俄罗斯联邦民事诉讼法典》进行审理和解决。

在《俄罗斯联邦民事诉讼法典》生效前尚未审结的案件由《苏俄民事诉讼法典》第 282 条、第 320 条所列公职人员通过上诉程序和监督程序提出的抗诉,应该依照《苏俄民事诉讼法典》第三十四章、第三十五章和第三十六章规定的期限和程序进行审理,但不得迟于 2003 年 7 月 1 日。

第 6-1 条　法院关于征收奥林匹克项目土地和(或)其他不动产判决的执行由《俄罗斯联邦民事诉讼法典》调整,但《关于组织和举行索契 2014 年第二十二届冬季奥林匹克运动会和冬残奥会、将索契市发展成为山地气候疗养地以及修订俄罗斯联邦某些立法文件的联邦法律》有不同规定的除外。

(2007 年 12 月 1 日第 310 号联邦法律增补,2010 年 7 月 30 日第 242 号联邦法律修订)

第 6-2 条　对法院关于因 2012 年在符拉迪沃斯托克市举行亚洲太平洋经济合作组织领导人非正式会议而征收土地和(或)土地上的不动产客体、其他财产、关于赎买价格、赔偿损失、提供土地和(或)其他不动产客体、其他财产代替被征收土地和(或)该土地上的不动产、其他财产而提出上诉、抗诉、申诉和申诉审抗诉的期限,以及审理这些诉状和抗诉的由《俄罗斯联邦民事诉讼法典》规定,但《关于 2012 年在符拉迪沃斯托克市举行亚洲太平洋经济合作组织领导人非正式会议、将符拉迪沃斯托克发展成为亚洲太平洋地区国际合作中心并修订俄罗斯联邦某些立法文件的联邦法律》有不同规定的除外。

(2009 年 5 月 8 日第 93 号联邦法律增补,2011 年 4 月 5 日第 56 号联邦法律修订)

第 6-3 条　(失效)

(本条由 2019 年 5 月 1 日第 100 号联邦法律删除)

第6-4条　在法院官网上填写法院表格的办法由俄罗斯联邦最高法院和俄罗斯联邦最高法院办公厅在其权限范围内规定。

对在以电子文件形式完成法院裁决和其他文件时和进行加强形式的电子签名、使用的技术和程序手段、对使用互联网发送电子文件的要求,以及与使用应附于纸质载体上的电子文件的其他要求,应依照俄罗斯联邦最高法院和俄罗斯联邦最高法院办公厅在其权限范围内规定的办法决定。

（2016 年 6 月 23 日第 220 号联邦法律增补,2017 年 1 月 1 日生效）

第7条　本联邦法律自正式公布之日起发生法律效力。

俄罗斯联邦总统　B. 普京

莫斯科　克里姆林宫

2002 年 11 月 14 日

第 137 号联邦法律

译后记

《俄罗斯联邦民法典》、《俄罗斯联邦刑法典》、《俄罗斯联邦民事诉讼法典》和《俄罗斯联邦刑事诉讼法典》的最新中译本问世了，这是令我十分高兴的事情。在此，我要特别感谢中国民主法制出版社编辑同志们的辛勤劳动。

这四部法典都是按照 2019 年 10 月 1 日的版本翻译的。事实上，对于翻译俄罗斯法律而言，译文版本永远是滞后的，因为俄罗斯立法者对社会关系的发展反应非常迅速，法律文件的修订极为频繁，有时同一天甚至有两、三个联邦法律对同一个法律文件进行修订，而翻译、编辑和出版是需要时日的。这几部法典自颁布以来我译过多次，但每次都觉得似乎是在翻译新的法典。如果对照一下以前的《俄罗斯联邦民法典》中译本（中国大百科出版社 1999 年版、北京大学出版社 2007 年版）和今天这个版本的《俄罗斯联邦民法典》，就会了解俄罗斯社会中民事法律关系是如何发展的，而调整它们的法律又发生了何等巨大的变化！其他部门法莫不如此。

我的第一专业是俄罗斯语言文学，而从事研究和翻译俄罗斯法律凡四十年，这是一个不长不短的而且艰难的学习过程。我清楚地记得，我刚来学校任教的时候，学校曾经有一门课是《苏联集体农庄法》，这说明新中国法律体系的形成和发展曾经受到过苏联法多么深刻的影响！20 世纪 80 年代，我在苏联进修法律的时候，曾经努力去探究苏联那些对中国立法影响最大的历史事件、法学理论和法律文件。我深切地感到，研究俄罗斯法，尤其是俄罗斯后苏维埃时代法律的发展对我国的法治建设具有着何等重要的意义！于是，这几十年来，在教授俄语、法律、俄语法律以及法律俄语的同时，我用全部的课余时间去翻译俄罗斯的主要立法文件和重要的法学专著。这一千多万字的译作，希望对我国的法治建设能够具有一定的借鉴意义。

我很幸运，我生活、工作在一个法学家云集的学校里。在这几十年研究、翻译、教授俄罗斯法律的过程中，我曾经受到很多前辈的悉心指点，他们是：

江平先生、陈光中先生、曹子丹先生,潘汉典先生、余叔通先生、朱奇武先生、汪暄先生……同时,外子沈国峰教授也经常给予我建议和指点,我还有机会和其他教授甚至和自己的学生们一起探讨和争论法学问题。在此,我要向他们表示最大的敬意和感谢。

在回顾自己学术生涯的时候,我不能不想到我的俄罗斯朋友们,他们曾经那么热爱我的国家,以满腔的热情拥抱一个来自远方的学者,使我能抵御零下38度的严寒。他们以渊博的知识丰富着我的头脑,使我有机会接触到各种法律文献。我们一起组织和参加了数十次学术会议,他们还周到地安排我在俄罗斯多所大学讲课。我将永远铭记这些名字:Д. И. 费尔德曼教授、Р. И. 塔尔纳波尔斯基教授、Е. А. 苏哈诺夫教授、В. С. 科米萨罗夫教授、К. Ф. 古岑科教授、А. И. 科罗别耶夫教授、В. В. 卢涅耶夫教授、Г. В. 伊格纳坚科教授、А. И. 拉罗格教授、И. В. 希什科教授、Ю. И. 斯库拉托夫教授、Ю. П. 加尔马耶夫教授……情长纸短,这个名单还可以罗列得很长很长。他们帮助我,与我合作,同时也成就了我。我的工作,我的俄罗斯法学译著,不仅是中俄两国法学家合作的成果、更成为了中俄两国人民友谊的篇章。当俄罗斯联邦总统把友谊勋章戴到我胸前的时候,我想到的是,能为中俄两国的友谊这个世界上最重要的国际关系添砖加瓦,这是我此生最大的荣耀。

译者希望,俄罗斯联邦四部主要法典的这一套中译本将成为我国的立法者、法学家、法律工作者、在俄罗斯学习法律的学生和学者、学习俄语又对法律感兴趣的人们能够使用的比较翔实可靠的参考书。诚然,这些法律会被不断地被修订,但是那些概念、术语还会长期使用。每念及此,译者便感到莫大的欣慰和快乐。

还是那句老话:翻译是一门遗憾的艺术,理想的翻译永远只是一种理想,而这种理想是译者毕生追求而永不可及的境界。

黄道秀

2020 年 8 月 10 日